小林國雄の
イチから教える
盆栽

監修 小林國雄

JN082502

西東社

序文

Introduction

盆栽と園芸の違いとは何でしょうか。園芸も盆栽も植物を鉢の中に植えて鑑賞する鉢植えという点では同じですが、園芸は花や葉、また実のつくものや珍種などの表面的な植物美を鑑賞するものです。これに対し、盆栽は幾百年と生き続ける「生命の尊厳」が秘める内面の美を表現するものなのです。

盆栽を芸術作品にまで昇華させるためには、盆栽作家の側に高い美意識と豊かな感性が求められます。私も古希を迎え、やっと盆栽の本質が見えてきたところです。花卉園芸農家に生まれ育った私は、家業を継ぐために東京都立農産高等学校園芸科を卒業しました。父の下で花卉園芸を5年ほど学んでいたときに、第七回日本盆栽作風展で内閣総理大臣賞を受賞した五葉松「奥の巨松」との衝撃的な邂逅を果たしました。そのときの感動が私を盆栽の道へと導いたのです。

人のなかには愛情を真逆にとらえる者もいますが、植物はとても素直で、育てる人のかける愛情がそのまま伝わります。植物を育てるのに必要なのは、水と光と温度、そして人の愛情です。人の愛情がなければ成長しません。盆栽から学ぶことは沢山あります。まずは生命のエネルギー。そして生死の試練の厳しさです。あるいは四季折々の美しさが人の心を癒してくれます。厳しい自然環境の高山で幾百年と生き続けた山採りの素材からは生命の尊厳を学ぶことができます。

近年盆栽は海外で大変な人気を博しています。「お年寄りの趣味」だった文化は、いまやBONSAIと呼ばれ世界中の愛好家に親しまれているのです。私は日本での盆栽の復興を願っています。とりわけ未来を担う若い方々に盆栽の奥深さを味わってほしい。そのために名品盆栽と盆栽素材の改作を数多く紹介しています。圧倒的な憧れを抱き、時間をかけて目標を達成していく喜びは他の趣味にはない盆栽の真髄です。なにより本書との邂逅が皆様を盆栽の道へ導くことがあれば、それに勝る喜びはありません。最後に私を育ててくれた環境と、苦難に耐えて支えてくれた全ての人へ感謝をもって結びの言葉とさせていただきます。

盆栽作家　小林國雄

目次 Contents

序文 2

盆栽を知る 7

盆栽の定義 8
- 園芸植物との違い 8

盆栽の特徴 9
- 盆栽のつくり 9
- 表（正面）と裏がある 10
- 流れをつける 10
- 鉢との組み合わせ 11
- 空間を意識する 11

盆栽の種類 12
- 松柏盆栽 12
- 雑木盆栽 13
- 花物盆栽 14
- 実物盆栽 15
- 草物盆栽 16

盆栽の基本樹形 17
- 模様木 17
- 直幹 18
- 斜幹 18
- 多幹 19
- 株立ち 19
- 懸崖 20
- 吹き流し 21
- 文人木 21
- 根上がり 22
- 石付き 22
- ジン 23
- サバ幹 23

小林國雄の作品 24

盆栽を始める 29

盆栽の購入 30

盆栽の道具 32

盆栽の用土 34

盆栽の鉢 36

作業の基本 38
- 剪定 38
- 剪定・忌み枝 40
- 針金かけ 42
- 植え替え 44

盆栽の管理 46
- 鉢の置き場所 46
- 水やり 47
- 肥料の与え方 48
- 病害虫の種類と症状 50
- 年間スケジュール 52

盆栽の飾り方 54

松柏盆栽 57

松柏盆栽の基本作業 58
- 黒松〈クロマツ〉 62
- 五葉松〈ゴヨウマツ〉 66
- 赤松〈アカマツ〉 70
- 一位〈イチイ〉 74
- 杜松〈トショウ〉 78
- 檜〈ヒノキ〉 82
- 杉〈スギ〉 86
- 真柏〈シンパク〉 90

雑木盆栽 95

雑木盆栽の基本作業 96
欅〈ケヤキ〉 98
紅葉〈モミジ〉 102
縮緬葛〈チリメンカズラ〉 106
定家葛〈テイカカズラ〉 110
匂い楓〈ニオイカエデ〉 114
梣〈トネリコ〉 118
錦糸南天〈キンシナンテン〉 122

花物盆栽 125

花物盆栽の基本作業 126
皐月〈サツキ〉 128
梔子〈クチナシ〉 136
梅〈ウメ〉 140
椿〈ツバキ〉 144
桜〈サクラ〉 148
長寿梅〈チョウジュバイ〉 152
深山海棠〈ミヤマカイドウ〉 156
連翹〈レンギョウ〉 160
黄梅〈オウバイ〉 164
山茱萸〈サンシュユ〉 168

実物盆栽 171

実物盆栽の基本作業 172
木通〈アケビ〉 174
柿〈カキ〉 178
蔓梅擬〈ツルウメモドキ〉 182
姫林檎〈ヒメリンゴ〉 186
橘擬〈タチバナモドキ〉 190
梅桃〈ユスラウメ〉 192
美男葛〈ビナンカズラ〉 196
金豆〈キンズ〉 200
紅紫檀〈ベニシタン〉 204

草物盆栽 207

草物盆栽の基本作業 208
菫〈スミレ〉 209
蔓蕎麦〈ツルソバ〉 209
雪の下〈ユキノシタ〉 210
大文字草〈ダイモンジソウ〉 210
朝霧草〈アサギリソウ〉 211
野紺菊〈ノコンギク〉 211
石菖〈セキショウ〉 212
苔桃〈コケモモ〉 212
姫藪柑子〈ヒメヤブコウジ〉 213
桜草〈サクラソウ〉 213
岩千鳥〈イワチドリ〉 214
鷺草〈サギソウ〉 214
常盤姫萩〈トキワヒメハギ〉 215
岩檜葉〈イワヒバ〉 215
銀苔〈ギンゴケ〉 216
砂苔〈スナゴケ〉 216
小壺苔〈コツボゴケ〉 217
這苔〈ハイゴケ〉 217
細葉翁苔〈ホソバオキナゴケ〉 217

用語 218
参考文献 221
索引 222

Column
小林國雄の世界

1 巨匠の道具 117
2 鉢コレクション❶色鉢 121
3 鉢コレクション❷泥もの 135
4 水石の世界 147
5 卓コレクション 159
6 添配コレクション 163
7 掛け軸と合わせる 167
8 春花園 189
9 盆栽文化の海外発信 203

●樹木の紹介ページ

盆栽で扱う樹木を紹介するページです。小林國雄の盆栽作品を紹介するとともに、同じ樹種の樹木の改作前と改作後の写真を紹介し、剪定、針金かけ、植え替えの３つの改作作業のポイントを示しています。

❶写真の盆栽のデータです。樹種（場合によってはその樹の名前）、鉢の名前、樹高を表しています。

❷樹種の和名、別名、英名、学名、植物としての分類、その樹木に向く樹形をまとめています。

❸剪定、針金かけ、植え替えの基本作業のほか、芽や葉に関する作業、肥料を与える時期などをカレンダー形式で紹介しています。

❹改作を行う前の状態の写真です。剪定、針金かけ、植え替えなどの、改作作業のポイントを紹介しています。

❺改作を行った後の写真です。

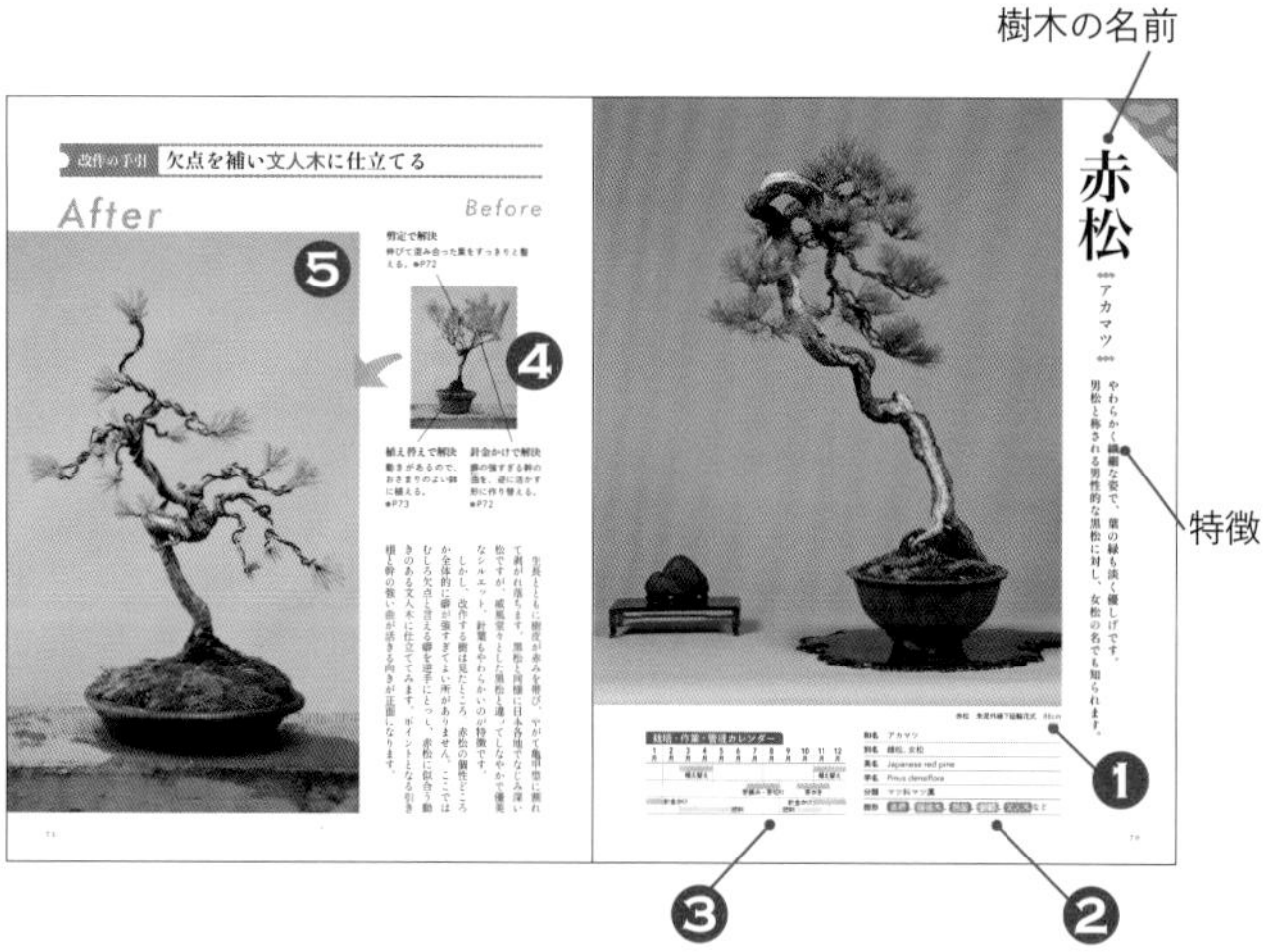

●改作の手順紹介ページ

前ページで紹介した樹木を盆栽に仕立てる改作の手順を紹介するページです。剪定、針金かけ、植え替えの３つのステップで改作を行います。また改作を行った樹種の管理の仕方も紹介しています。

❶改作する樹木に行う剪定・針金かけ・植え替えなどの作業のポイントを解説しています。

❷剪定・針金かけ・植え替えなどの作業の手順を写真で紹介しています。

❸ポイントとなる視点や作業を解説しています。

❹剪定・針金かけ・植え替えなどの作業が完了した樹木の状態について一言コメントが入っています。

❺剪定・針金かけ・植え替えなどの作業が完了した状態の写真です。それぞれの作業が完了した写真と比べると変化がよくわかります。

❻小林國雄の達人の視点、作業の解説です。

❼鉢土表面へのコケ張りなどの仕上げ作業を施した状態の写真です。

❽鉢の置き場所、水やり、肥料の与え方、植え替えのタイミング、病害虫の種類と対策を紹介しています。

❾樹木の紹介ページ、改作の手順ページに出てくる盆栽に関する専門用語を色文字にしてあります。用語はP218 ～ 219で解説しています。

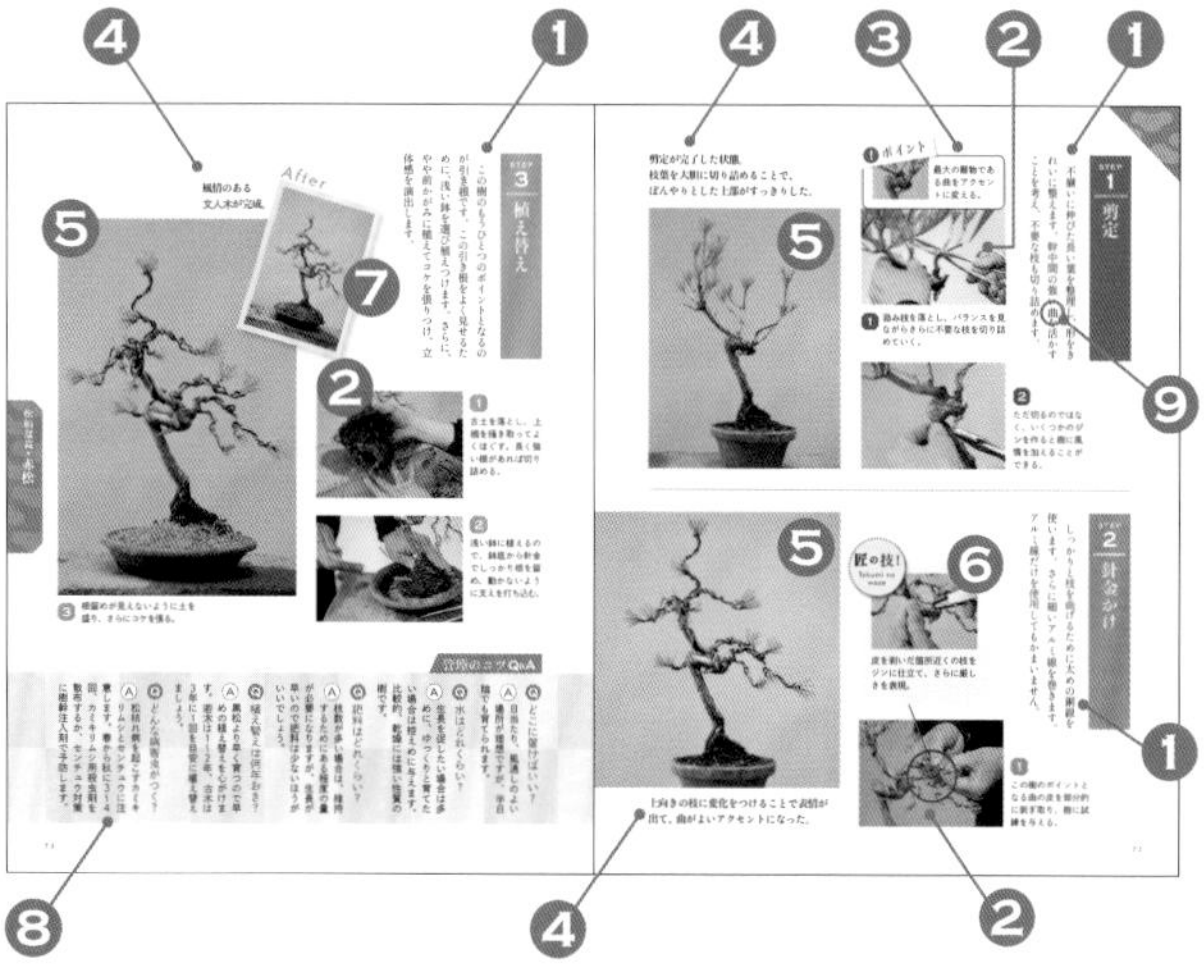

盆栽を知る

What is bonsai

盆栽の定義

盆栽の盆は「鉢」のこと、栽とは「植物」のことを指します。盆栽も園芸植物も、樹木などの植物を鉢で育てるという意味では同じですが、盆栽と園芸植物には大きな違いがあります。

園芸植物では、樹木の成長に合わせて鉢を大きくしますが、盆栽では、樹木と鉢の調和を考えながら、小さく浅い鉢に植え替えます。

園芸植物は、自然のまま成長させるため、樹木は上に向かうほど広がる逆三角形となりますが、盆栽では、下に向けて広がる三角形に仕立てるなど、自分で樹形を作っていきます。

花がたくさん咲いて、実もたわわになることを理想とする園芸植物に対して、盆栽は小さな空間に壮大な風景を再現することに醍醐味があります。

POINT

盆栽で大切なのは、

1. 鉢と植物の調和
2. 自分で樹形を作っていく
3. 小さな空間に壮大な風景を再現する

園芸植物との違い

鉢の合わせ方

生長に合わせて鉢を大きくしていく。

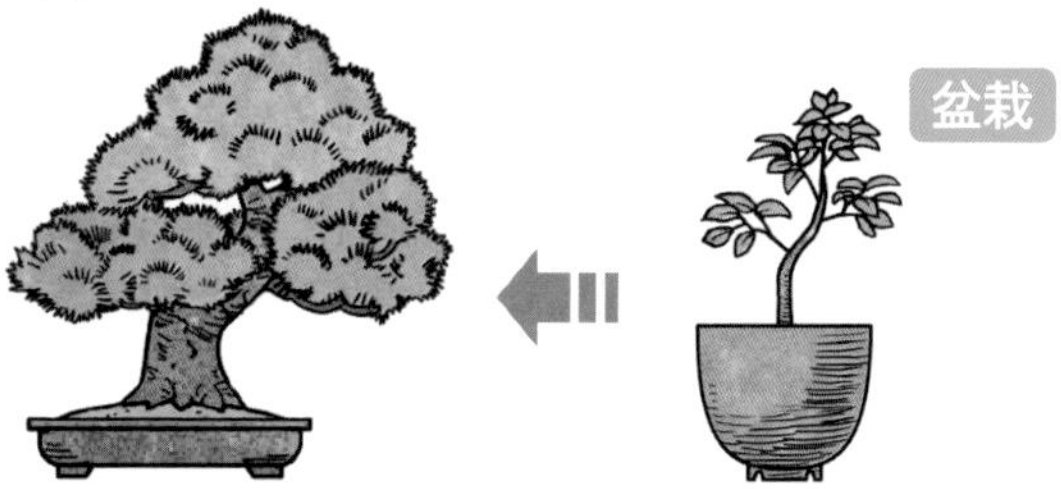

小さく浅い鉢へと樹木と鉢のバランスを合わせていく。

楽しみ方や目的

花をたくさん咲かせ、実をたわわにつけるように育てることを楽しむ。

極小空間に広大な風景を再現することを楽しむ。限られた数の花や実が引き立つよう工夫する。

樹形の作り方

自然のまま育てるので、樹の形は上に向かうほど広がる逆三角形となる。

下に向けて広がる三角形に仕立てたり、古木感を表現するため針金をかけて枝先を下げたりするなど、自分で樹形を作る。

盆栽の特徴

盆栽では、樹木の各部のつくりに独特の名称がついており、それが鑑賞する際の大事なポイントになっています。

樹冠が半円形になっている、根が大地をしっかりと掴んでいる、根張りから幹が力強く立ち上がっているなど、樹木の個性によって、鑑賞するポイントは様々です。

また、盆栽は大きさで呼び名が異なります。樹高60㎝以上のものを大品盆栽、樹高60㎝以下のものを中品盆栽、樹高20㎝以下のものを小品盆栽、樹高10㎝以下のものを豆盆栽と呼んでいます。

POINT

1. 樹木各部に独特な名称がついている
2. 樹高により種類が分かれる
3. 長い間に培われた決まり(ルール)がある

盆栽のつくり

頭
樹木の最上部のこと。輪郭線の頂点となる。
樹冠
頭を含む、頂部の枝葉のひとかたまり。
裏枝
奥行き感を出すために裏側に出す枝のこと。
三の枝
下から三番目の枝。以降、四の枝、五の枝となる。
二の枝
下から二番目の枝。一の枝の反対側に作る。
ふところ
幹の近くにある枝元の部分のこと。
枝棚
枝先にある枝や葉のひとかたまり。
一の枝
立ち上がりに最も近い、一番下にある枝。
幹
樹皮を幹肌、流れを幹筋、曲がりを幹模様という。
立ち上がり
根張りから一の枝までの幹の部分のこと。
根張り
土の上に見えている根の張り具合のこと。

盆栽の大きさ

樹高
大品盆栽
樹高 60cm
以上
中品盆栽
樹高 60cm
以下
小品盆栽
樹高 20cm
以下
豆盆栽
樹高 10cm
以下

盆栽には、長い間に培われた決まり（ルール）があります。「表と裏がある」「流れをつける」「樹に合わせて鉢を選ぶ」「空間を意識する」など、基本となる決まりを順に紹介します。

表（正面）と裏がある

盆栽には「表」（正面）と「裏」があります。側面から見て、幹が前傾している側が表となり、盆栽では、表から鑑賞することを前提として、樹作りを進めます。途中でバランスが変わったら、表を変更することもできます。

背中が丸く見えるような感じになるように裏枝を作り、奥行きのあるイメージを引き出すことが大切。

枝や葉が幹を横切らず、幹がしっかり見えること、左右に強く張った根がきちんと見えることが重要。

横から見る

横から見て、おじぎをしているように前傾していることが大事になります。それが表側になります。

流れをつける

樹木の幹や枝には左右どちらかの方向があり、それを「流れ」といいます。盆栽作りでは、針金かけや植え替えの際に流れ側に傾けることによって流れを強調します。流れ側の最も強い枝を効き枝といい、その反対側に受け枝を配置して調和を図ります。

大きく左に流れて伸びる効き枝に対して受け枝がバランスを取っている。

幹の流れを引き継いで大きく傾いて伸びる効き枝で流れが強調されている。

◈ 幹が太い模様木に合わせるには…

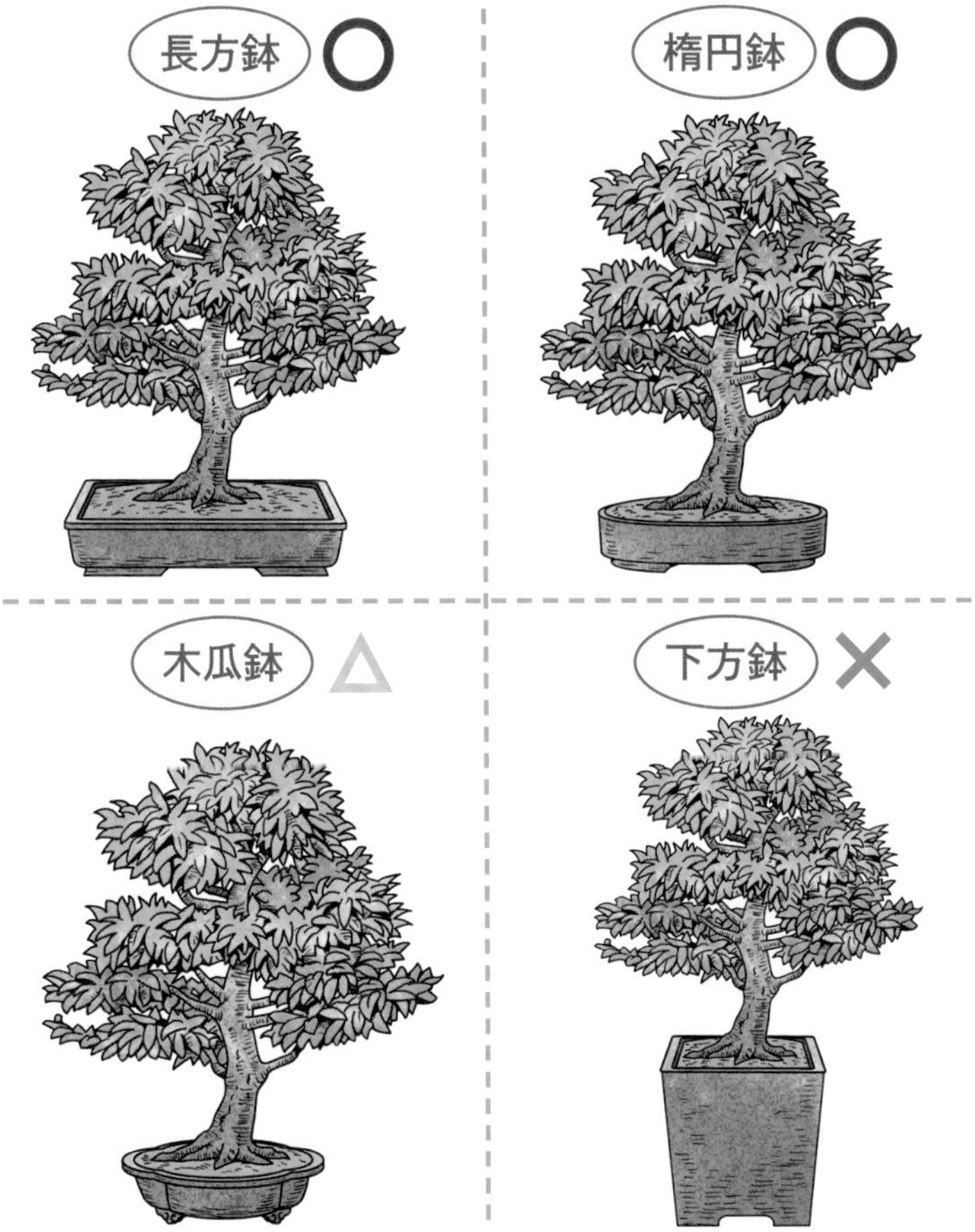

鉢との組み合わせ

盆栽は植物と鉢を組み合わせて風景を表現します。樹木の種類や樹形と調和の取れた鉢を選びましょう。定番の組み合わせを知っておくと鉢を選ぶ際に役立ちます。なお、楕円鉢や長方鉢は樹木の輪郭線より、一回り小さいものを選ぶとよいでしょう。

鉢の種類	向く樹形	向かない樹形
丸鉢	どの樹形にも向く	ー
楕円鉢	模様木、斜幹、直幹、株立ち	ー
正方鉢	太い幹、模様木、直幹	細い樹、文人、吹き流し
長方鉢	太い幹、模様木、直幹	細い樹、文人、吹き流し
下方鉢	懸崖、模様木、株立ち	直幹
六角鉢	太い樹、花物、実物	細い樹、松柏、雑木
木瓜鉢	模様木、花物、実物	直幹、文人、吹き流し、松柏、雑木
泥もの	松柏	雑木、花物、実物
色鉢	雑木、花物、実物	松柏

空間を意識する

樹木を鉢に植えるときには、空間を意識して植えつけるとバランスの取れた安定した鉢になります。樹木の傾きや枝の強さなどにより、樹木には方向があります。その木が持つ方向に対して空間を広く取ると安定感が出ます。イラストの樹木は枝の強さが右側に出ているため、右側に空間を作るように植えつけると安定します。

盆栽の種類

盆栽の種類は、樹種によって、松柏盆栽、雑木盆栽、花物盆栽、実物盆栽、草物盆栽の5種類に分類されます。

昔は裸子植物の松柏盆栽と、被子植物の雑木盆栽の二つに大別されていましたが、近年は雑木盆栽を細かく分けるようになり、現在では5種の分類が一般的です。

最も歴史が長く、盆栽の代表格ともいえるのが、松や杉などの松柏盆栽です。世代を超えて受け継がれているような名品も多くあり、盆栽の主流となっています。

ほかにも、愛らしい花を楽しむ花物盆栽や、たわわな実に心踊らされる実物盆栽など、多種多彩です。自分の好みに合った樹木を選ぶことも、盆栽の面白さのひとつです。

赤松　誠山長方　83cm

松柏盆栽

（P57〜P94）

松柏とは、松類と真柏（ビャクシン類）を合わせた盆栽用語で、常緑の針葉樹をまとめて松柏盆栽と呼びます。歴史と風格がある盆栽の代表格ですが、寿命が長く、枯れにくいなど、初心者でも扱いやすい特徴があります。

楓　和楕円　80cm

雑木盆栽

（P95～P124）

欅や楓など、落葉・常緑広葉樹の中で、花や実の鑑賞を主な目的としないものを指します。新芽、新緑、紅葉、寒樹など、四季の変化を楽しめることが特徴。雑木の多くは生命力が旺盛なため、松柏よりも手がかかります。

皐月「紫竜の舞」舟山隅入外縁長方　75cm

花物盆栽

（P125～P170）

椿や梅、桜など、花を鑑賞するものを、こう呼びます。**大品盆栽**や**中品盆栽**では、満開の花が楽しめます。**小品盆栽**の場合は、ほんのひとにぎりの数の花をクローズアップするなど、また別の楽しみ方ができます。苗から育てると、開花までに時間がかかります。

実物盆栽

（P171～P206）

柿や花梨など、実をつけた姿を楽しむものを指します。花物と同じく、実をつけるまでに時間が必要なものもありますが、木通など、つる性樹木であれば、早くから実が楽しめます。結実の条件は樹種で異なるので、事前に調べて購入する必要があります。

深山海棠　広東長方　70cm

草物盆栽

（P207～P217）

大文字草や菫、雪の下など、草花を盆栽にしたものを、こう呼びます。育てやすさと季節感の豊かさが魅力であり、近年、人気を集めています。長い年月を必要とするほかの盆栽と違い、短期間で趣のある鉢を作ることができます。

花磯菊　交趾写輪花式六角　20cm

盆栽の基本樹形

盆栽は樹木を使って盆上に自然の風景を描き出すことを目的としています。そのため、基本となる樹形も、自然の風景をモチーフにしたものが多くあります。

厳しい風雪や長年の環境変化に耐えてきた樹木の姿や、天に向かってまっすぐ伸びる姿、光を求めて斜めに伸びる姿など、我々の想像を遥かに超えた風景が、大きな魅力をもたらしてくれます。

その魅力は、自然の風景だけにとどまらず、江戸時代の文人墨客が好んだとされる細長い幹が飄々と伸びた軽妙洒脱な姿など、芸術的な樹形もあります。こうした日本人の心を揺さぶる樹木の姿を、型として分類したものが、盆栽の基本樹形となっています。

模様木《もようぎ》

幹や枝が前後左右に模様のようにうねっている樹形です。盆栽では、幹や枝が曲線を描くことを模様と言います。直幹と模様木の中間の樹形を立木づくり、幹の曲線を極限までうねらせたものを蟠幹《ばんかん》と言い、曲線による造形美が見どころです。

盆栽の模様木

模様木の深山海棠の盆栽。

自然での姿

岩手県中尊寺に自生している模様木のアカマツ。

直幹《ちょっかん》

幹が根元からまっすぐ天に向かって立ち上がった、針葉樹に適した樹形です。シンプルな形のため、**根張り**がしっかりしていることや、幹が上に向かうほど細くなること、枝が左右交互に出ていることなどが大切となります。

自然での姿

群馬県草津白根山に自生している
直幹のオオシラビソ。

盆栽の直幹

直幹の杜松の盆栽。

斜幹《しゃかん》

単幹で幹を根元から大きく一方向に傾けた樹形です。雑木林や河畔などで見られる光を求めて斜めに伸びるダイナミックな姿を表現しています。

不安定さを感じさせないように、傾きの反対方向に**引き根**と呼ばれる**根張り**を持たせることが大切です。

栃木県那珂川河畔に自生して
いる斜幹のニセアカシア。

自然での姿

盆栽の斜幹

斜幹の蝦夷松の盆栽。

多《た》幹《かん》

株元から複数の幹が立ち上がる樹形です。大小2本のものを双幹と言い、それ以上は奇数仕立で三幹、五幹となります。

また、大きい幹を主幹、小さい幹は副幹と言います。幹の分かれる位置によっても名称が異なり、枝元から分かれたものを子持ち双幹、株元から少し上で分かれたものを立ち上がり双幹と言います。

自然での姿

栃木県那須塩原市の公園に植栽された双幹のアカマツ。

盆栽の双幹

双幹のあずき梨の盆栽。

株立ち

多幹樹形の中でも、ひとつの株元から3本以上の幹が立つ樹形です。この場合も奇数仕立てが好まれます。

太細長短の複数の幹によって林のような風景を作り出しますが、全体的には一本に見えることが大切です。低木性の樹木などで仕立てやすい樹形です。

盆栽の株立ち

株立ちの五葉松の盆栽。

自然での姿

茨城県ひたち海浜公園に自生している株立ちのアカマツ。

自然での姿

岩手県陸中海岸の断崖に自生する懸崖のクロマツ。

懸《けん》崖《がい》

幹や枝が鉢底より下にある樹形です。海浜の断崖や渓谷の絶壁など、厳しい環境で生き抜く樹木の姿を描いています。

鉢の縁より少し下くらいのものは半懸崖、大きな角度をつけて下垂したものは大懸崖と言います。

盆栽の大懸崖

大懸崖の岩絡みの盆栽。

盆栽の半懸崖

半懸崖の蝦夷松の盆栽『国の鎮』。

吹き流し

海沿いや山の斜面などで、一方向からの強い風に樹木がなびく姿を描く樹形です。

枝が横に長く伸びていることがポイントで、すべての枝が同じ方向を向くことで、風の存在を感じ取ることができます。

自然での姿

山梨県南アルプス地蔵岳に自生している吹き流しのダケカンバ。

盆栽の吹き流し

吹流しの三椏《みつまた》の盆栽。

文人木《ぶんじんぎ》

細長い幹がひょろりと伸びた軽妙洒脱な模様木で、江戸時代の文人墨客が好んだことが由来です。

下枝を切り落とし、上方の枝葉が目立つように工夫します。力強さよりも、たおやかな風情が大切です。

自然での姿

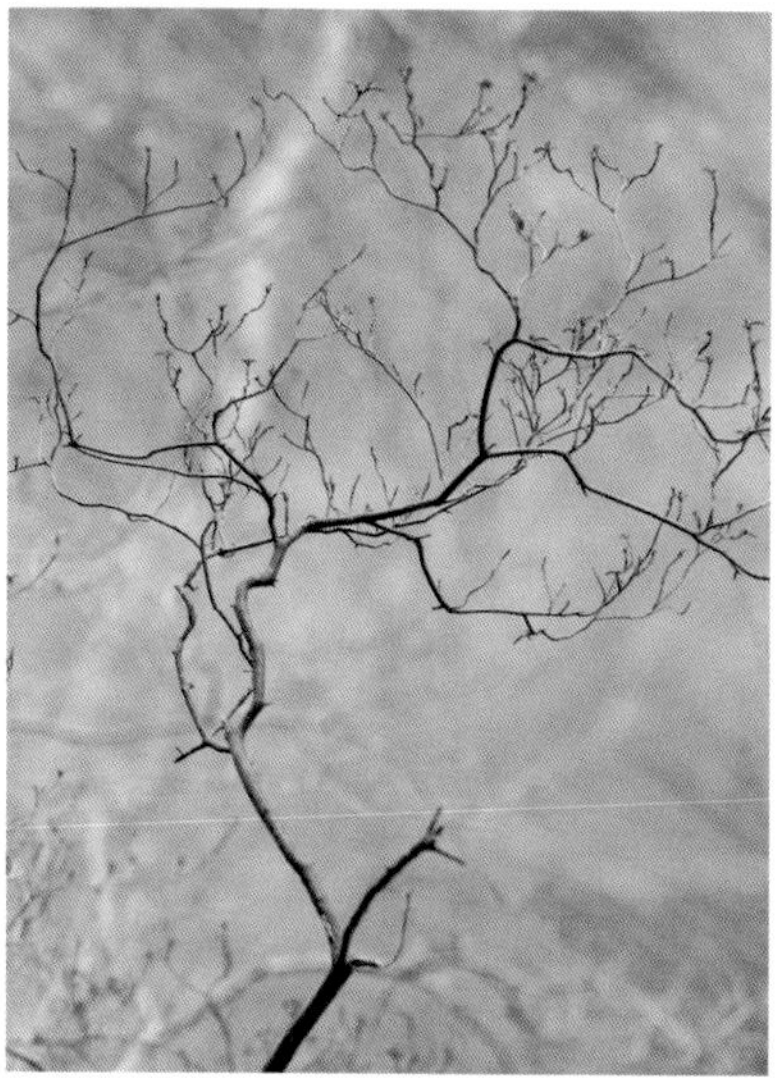

栃木県高原山に自生している文人木のヤマツツジ。

盆栽の文人木

文人木の真弓の盆栽。

根上がり

本来は土の下にある根が、鉢の上に露出した樹形です。過酷な自然環境によって根が洗い流され、むき出しになった荒々しい姿を描いています。

空気にさらされているうちに、根は幹と同じ樹皮色に変色するため、根も幹の一部として表現します。

自然での姿

長野県北八ヶ岳に自生している根上がりのオオシラビソ。

盆栽の根上がり

根上がりの真柏の盆栽。

石付き

石の上に樹木が抱きつくように根を張った樹形です。限られた養分と水分しかない過酷な環境下で、樹木がたくましく生き抜いている姿を表現しています。樹木と石、両方の景色を楽しむことができます。

自然での姿

秋田県獅子ヶ鼻湿原に自生している石付きのカエデの仲間。

盆栽の石付き

石付きの楓の盆栽。

ジン

幹や枝の一部が枯れて、風雨にさらされたように白骨化した樹形です。長い年月の果てに枝先などが折れ、柔らかい皮が朽ちて、硬い心の部分が風に洗われて白く残ったものです。人工的に作り出すこともあります。

盆栽のジン

幹や枝にジンの入った真柏の盆栽「白竜」。

自然での姿

山梨県南アルプス地蔵岳に自生しているカラマツ。

サバ幹《みき》

表皮の一部がはがれて、木質部が露出した幹の姿のこと。裂けた幹の中に害虫や腐朽菌が入り、木質部分が腐って幹の内側が露出したものの、皮の部分が生き残った状態です。古木感を出すために、人工的に作り出すこともあります。

自然での姿

秋田県獅子ヶ鼻湿原に自生しているサバ幹のブナ。

サバ幹の盆栽

サバ幹の黒松の盆栽「黒龍」。

小林國雄の作品

真柏「清風」の時代ごとの変化

1970年 シャリ幹を強調した枝作り

989年 力強く伸びた差し枝が気位を表す

面の強調から
線の強調へ

「清風」と名付けられた写真の真柏は、紀州産の山取りで、樹齢は５００年ほど経っています。１９９８年の第一七回日本盆栽大観展に出品した際に内閣総理大臣賞を受賞しました。その頃の私は基本に固執し綺麗に仕上げることに囚われていました。しかし、何度も中国を訪れ、中国の盆栽を観ているうちに重要なことに気づきました。近年の日本の盆栽作品は綺麗に整えられた画一的な作風ですが、中国の盆栽は樹そのものが持つ個性を生かした作風なのです。中国の嶺南盆景と呼ばれる盆栽の力強い線の動きから、盆栽の本質の美とは何かを学びました。

　そこで２０１３年の第二十二回日本盆栽作家協会展へ出品する際に、大掛かりな改作を行いました。園芸的な美から盆栽的な美へ、面を強調した作風から線を強調した作風への改作で

2019年 枝に隠されていた線の動きを現出

1998年 高い完成度を誇る充実した葉の茂り

す。綺麗に整えられた枝棚を大胆に几帳面に切り落とし、線の動きと空間を引き出して、大自然の風趣・風韻を表現しました。まさに「美は乱調にあり」です。

展示後、さらなる美を求め舎利幹に穴をあけて厳しさを現出しました。作家は美に対する「業の深さ」がなければ人の心を感動させる作品は創れません。そのためには日々のたゆまぬ精神の研鑽が必要なのです。

最後に、中国の古典「周禮」の経典の中の考工記にモノ創りについての四条件「天地材工」があるので紹介します。盆栽創作の心得として、ぜひ覚えておいてください。

天に時有り　地に気有り
材に美有り　工に巧有り
此の四者を合わせ　然る後
可以て良と　為す

盆栽との一期一会を大切にすること。水かけ、消毒、肥料、植え替え管理を行い、盆栽に思いを寄せること。素材のもつ真の個性を見抜くこと。創作に工夫を凝らすこと。この４つの心得をもって盆栽を作ることが望ましいという意味。

魂に響く感動を求めて

名品とは何でしょうか。それは「魂に響く感動」を与える作品にほかなりません。長谷川等伯の「松林図屏風」、ピカソの「ゲルニカ」…。名品は時代を超えて、常に私たちの心を動かします。私も後世に残るような魂を揺さぶる盆栽を生み出したいと考え盆栽を手がけています。

黒松 面から線へ

密集した枝棚の内、ほんの数本が秘める線の動きを引き出す。盆樹の新たな姿を引き出すことが作家の仕事である。

2012年

2016年

2017年

真柏「華厳」 混在する生と死

1970年大阪万博盆栽展出品樹。幾星霜経て老木も自然の猛威に曝されつつ齢を重ねていく。

2019年

1970年

黒松「青竜」

凝縮された幹が表す〝形小相大〟

白骨化したシャリ幹を背負いながら引き締められた樹芯に、凄まじい生命力が漲る。

1989年

1999年

杜松

空間を塗り替えた時間の経過

20年の歳月は左の枝棚を充実させ、眠っていた樹に新たな生命を吹き込んだ。

1980年

2019年

真柏「木霊」

重み増す生命の激動

年月が経ち作為が消えた頃、樹に風格が漂う。樹創りは時間との共同作業だ。

2014年

2017年

皐月「桃千鳥」

〝気韻生動〟を宿した翼

己の欲を断ち、本質に耳を傾ける。自分の手の動きに全てを委ね、不要枝を削ぎ落としていく。出来上がった作品は数センチのズレで崩れていくようなバランスの上に成り立っている。

2000年

2005年

岩四手

乱調の中に見出す美

頂点を極めた者にもやがて朽ちる時が来る。枝をはぎ取られ、身を寄せる双つの幹から祇園精舎の鐘の音が響いてくる。

1999年

2019年

盆栽を始める

Let's start bonsai

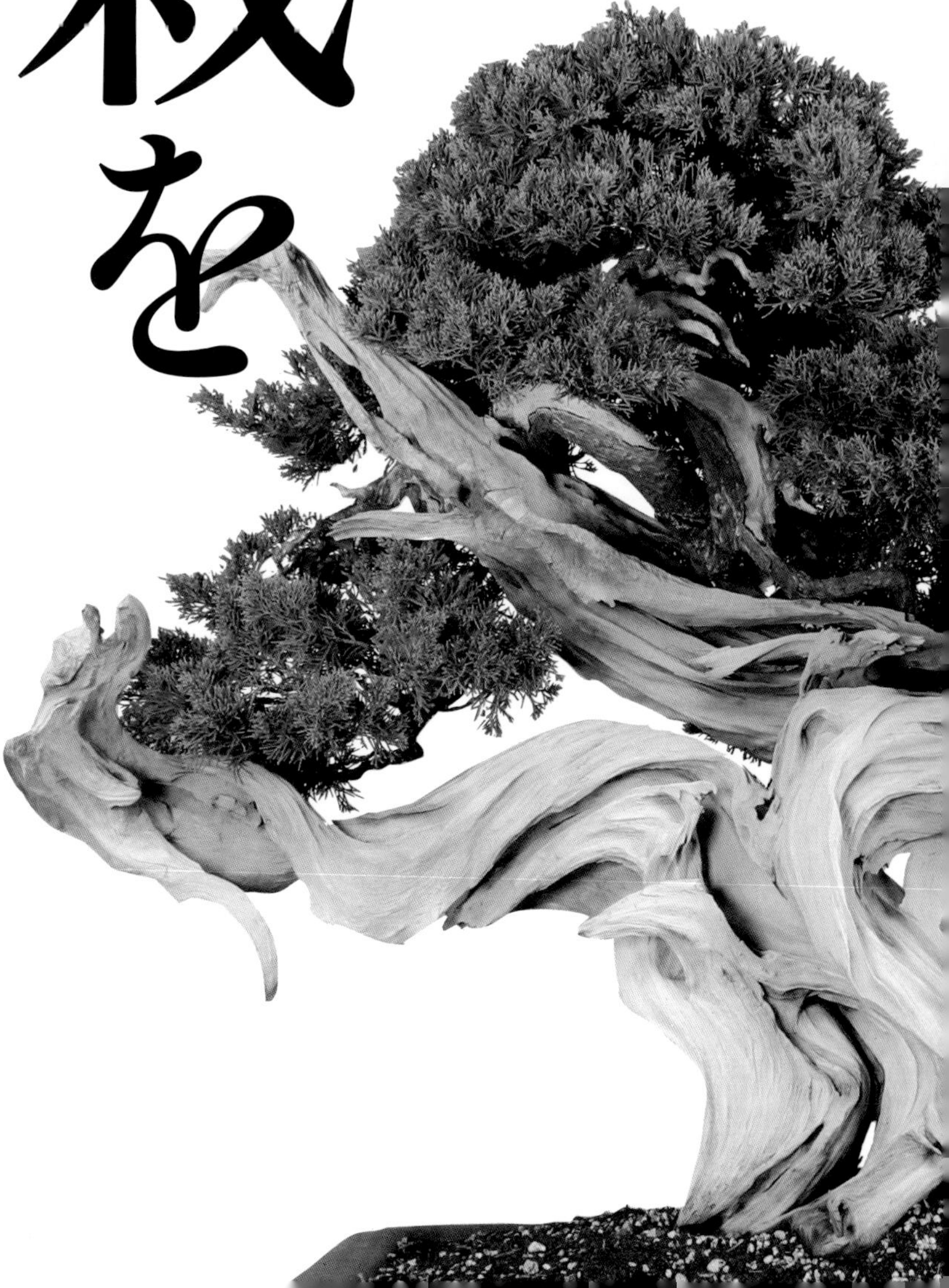

盆栽の購入

園芸店やホームセンターなど、樹木の苗を買う場所はいくつもありますが、盆栽の素材として適した苗を購入するならば、盆栽専門店がよいでしょう。専門店ならば、苗選び、植え付け後の肥料の与え方や水やり、病気対策など、様々な相談にも乗ってくれます。購入した盆栽を預かって、剪定や針金かけ、弱った盆栽のメンテナンスをしてくれるところもあります。

盆栽園や展示会場の販売コーナーに足を運んでみるのもよいでしょう。意外と安い苗木も販売されています。

値段が手頃で入手しやすいのはポット苗の幼木です。ポット苗には、種から育てた実生苗《みしょうなえ》、剪定した枝を根付かせた挿し木苗、根を持つ台木に別の樹の枝

ポット苗を選ぶ

実生苗

自然樹形を楽しめる。立ち上がりがやわらかいので、針金かけで好みの樹形に仕立てられる。

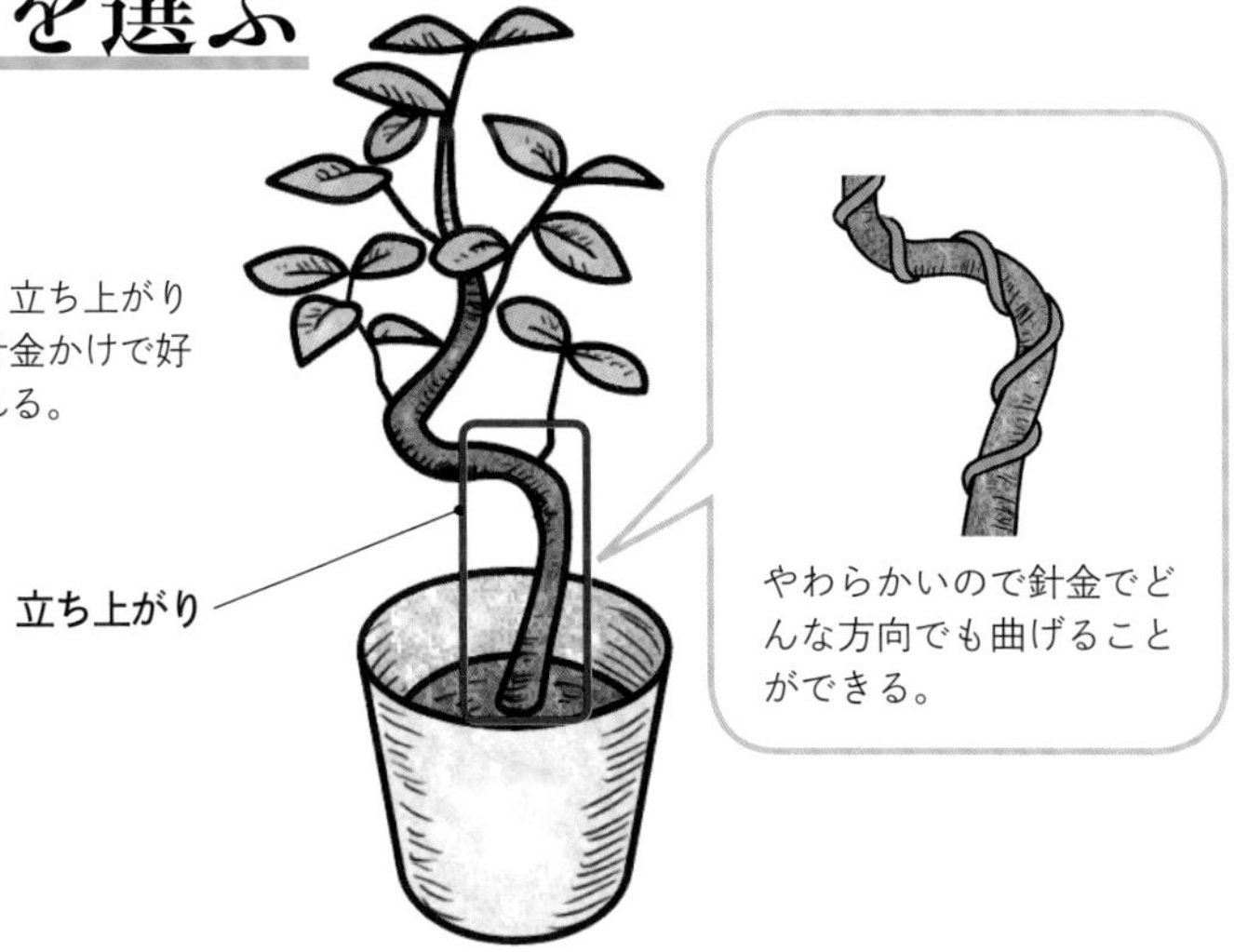
立ち上がり
やわらかいので針金でどんな方向でも曲げることができる。

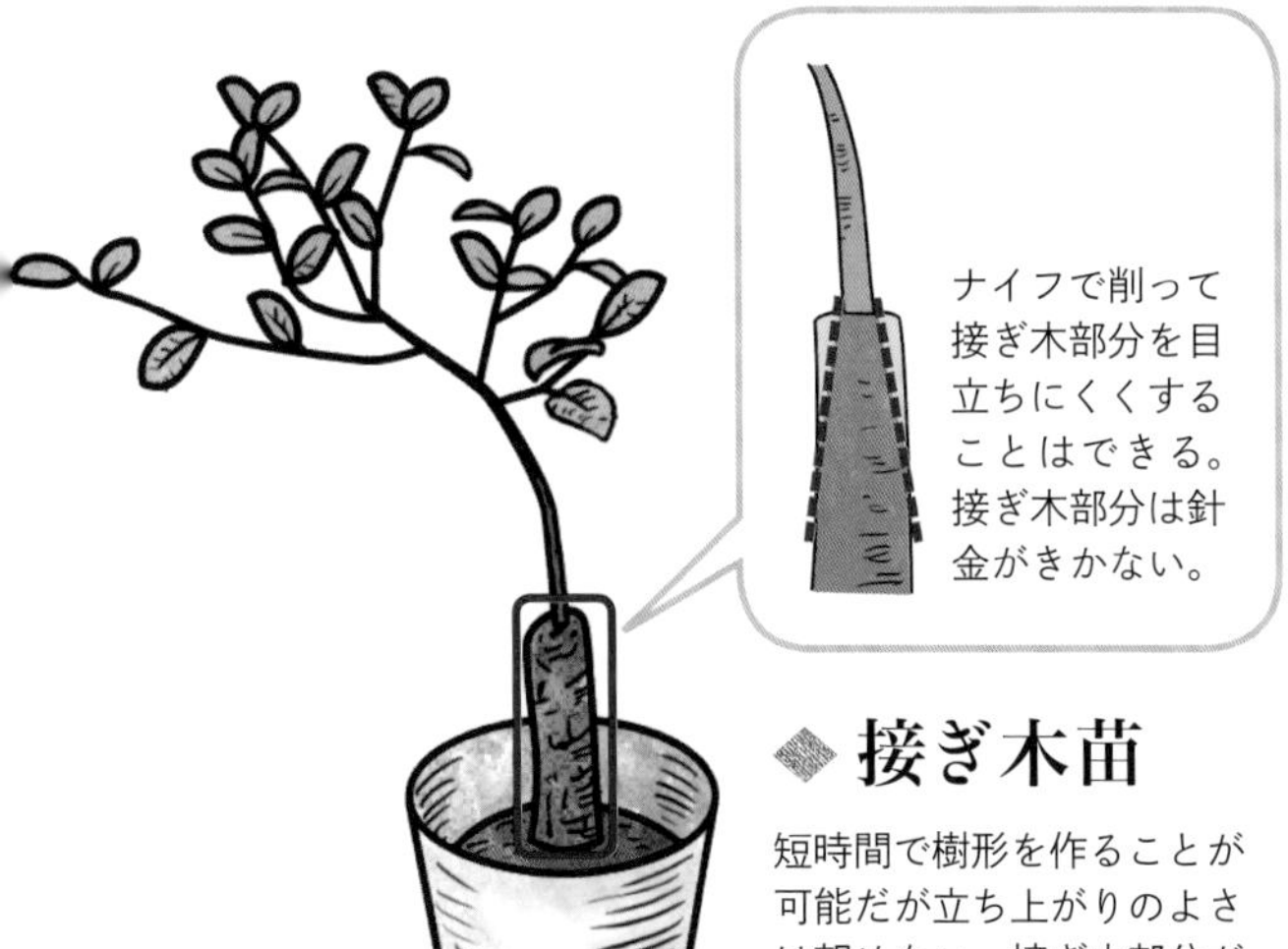
ナイフで削って接ぎ木部分を目立ちにくくすることはできる。接ぎ木部分は針金がきかない。

接ぎ木苗

短時間で樹形を作ることが可能だが立ち上がりのよさは望めない。接ぎ木部分が気になる場合、ナイフで削って癒合材（→ P112）を塗る。

挿し木苗

できるだけ立ち上がりがやわらかいものを選ぶ。立ち上がりが直線的なものは避ける。

枝の流れを見極めて針金で形を作っていく。立ち上がり部分は針金がきかない。

をくっつける接ぎ木苗など、たくさんの種類があります。

苗を選ぶ際に注目したいのが、立ち上がりのよさです。実生苗は立ち上がりがやわらかくて素直なので、針金かけで理想的な立ち上がりに仕立てることもできます。

ただし、ポット苗は幼木ですから、特徴ある姿の樹作りに時間がかかります。すでに特徴の出ている樹齢10年ほどの苗木を購入するという手もあります。

この場合も、大事なのは立ち上がりのよさです。立ち上がりが直線的なものは避けるべきです。健康なものを選ぶことも大切です。

花物であれば、花が咲く前のものにしましょう。すでに花が咲いているものを選ぶと、あとは散るだけなので、再び楽しむには、1年待たなければなりません。

実物は、実つきのよさを確認するために、たくさん実がついているものを選ぶようにします。

苗木を選ぶ

◆ 立ち上がり・枝ぶり

立ち上がりに動きがあるものを選び、直線的なものは避ける。枝ぶりについてはできる限り均等に広がっているものを選ぶ。

立ち上がりが低い位置から動きがある。

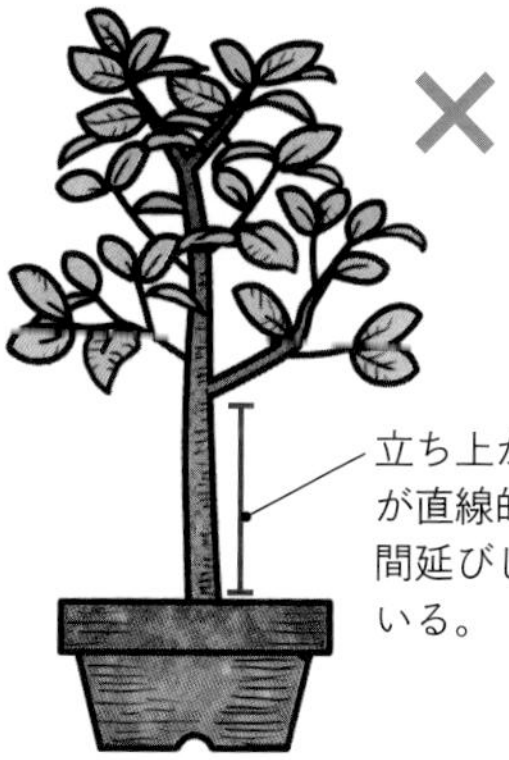

立ち上がりが直線的で間延びしている。

ひょろひょろと間延びした生長をしており、葉の色が悪い。枯れ枝もある。

均等に生長しており、健康的な葉が密に茂っている。

◆ 葉の状態

葉が白っぽいものは病気の可能性があるので避ける。風通しや日当たりなど、置き場所の環境が悪いために葉が黄色く変色したり、枝葉が枯れているものも避ける。

◆ 花や実の状態

花物の苗は花が咲く前のもの、最低でもつぼみの状態のものを選ぶ。花が咲いている苗は、買うときは嬉しいが、花が散ってしまうと、次に花を楽しむまで1年かかる。実物の苗も同様につぼみの状態のものを選ぶ。

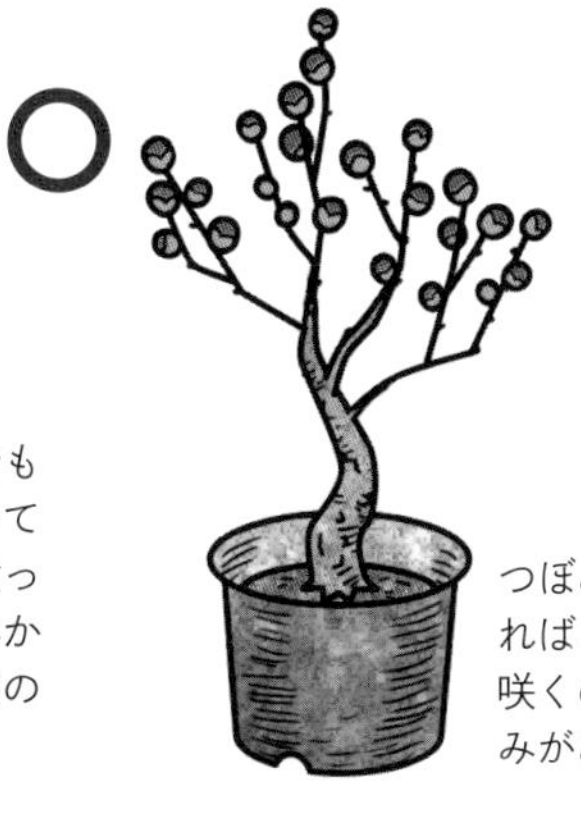

つぼみの状態であればこれから花が咲くのを待つ楽しみがある。

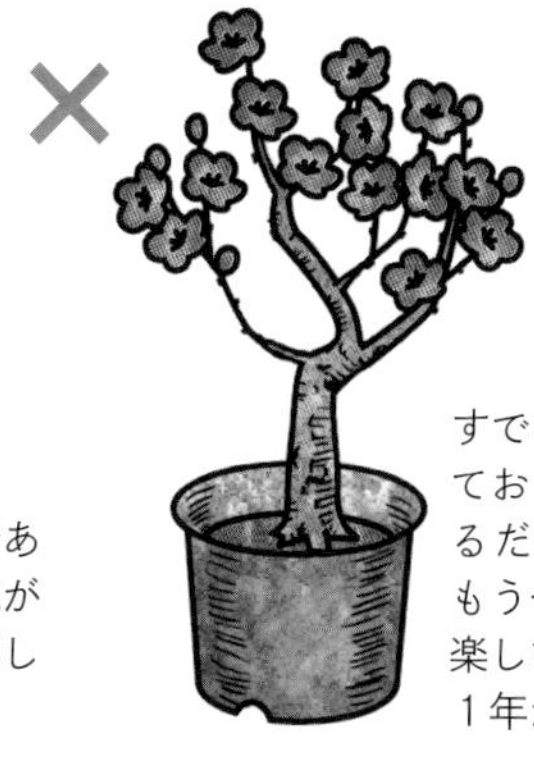

すでに花が咲いており、後は散るだけの状態。もう一度、花を楽しむためには1年かかる。

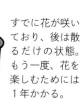

盆栽の道具

盆栽の道具には先人の知恵と工夫が込められています。日用品でも代用できますが、専用の道具は使い勝手が違います。

根切りばさみ 剪 植

植え替えをする際、根を切るために使用する。太い枝など、堅い物を断ち切る時にも便利に使える。

剪定ばさみ 剪

細い枝を切ったり、小さな葉を摘み取る際に使う。細かい作業には園芸用ではなく、盆栽用が使いやすい。

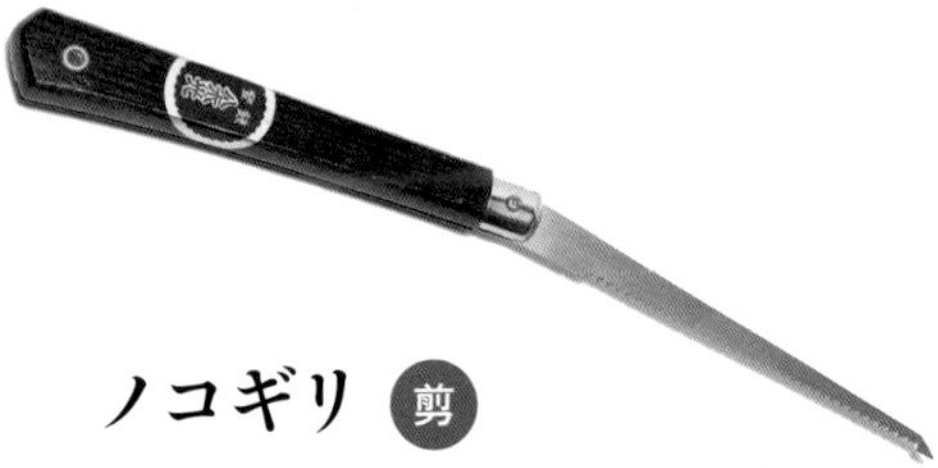

ノコギリ 剪

太い幹などを切り落とす時に便利。使用する際は、他の枝などを一緒に切って傷つけないように注意。

又枝切り 剪

太い根を断ち切る時に使用。切り口がこぶにならないように工夫されている。枝を根元から切る際にも用いる。

銅線 針

アルミと比べて硬いため、松柏盆栽の仕立てなどには利きがいい。一度火に通すと扱いやすくなる。

アルミワイヤー 針 植

針金かけ、株や鉢の固定など、様々な用途がある。柔らかいので扱いやすい。数種類の太さを揃えておくと便利。

針金切り 針

針金を切る際の道具。ニッパーでも代用できるが、盆栽ばさみで針金を切ると、すぐに刃が痛むので注意。

ヤットコ 植 針

植えつけ、植え替えの際に根留めのワイヤーをねじったり、針金を外す際に使う。ペンチでも代用できる。

土入れ 植

植えつけや植え替えの際、根と鉢の隙間に用土を入れる道具。鉢のサイズに合わせて使い分けると便利。

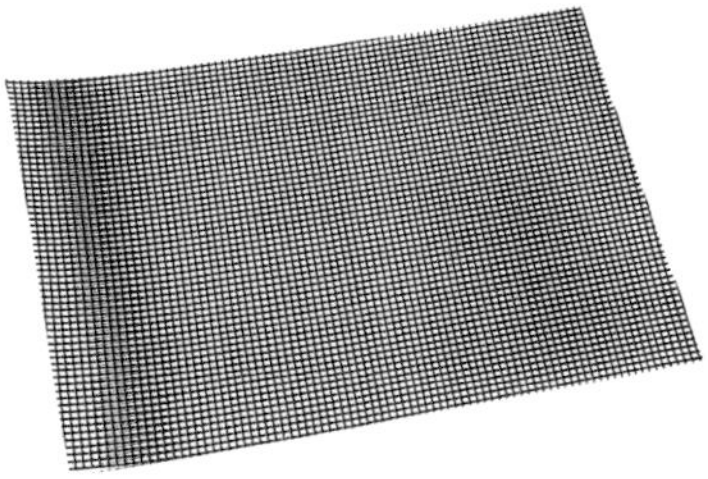

鉢底ネット 植

鉢の底穴から侵入する虫を防いだり、土の流出を防いだりするのに使用。表土を覆えば虫除けにもなる。

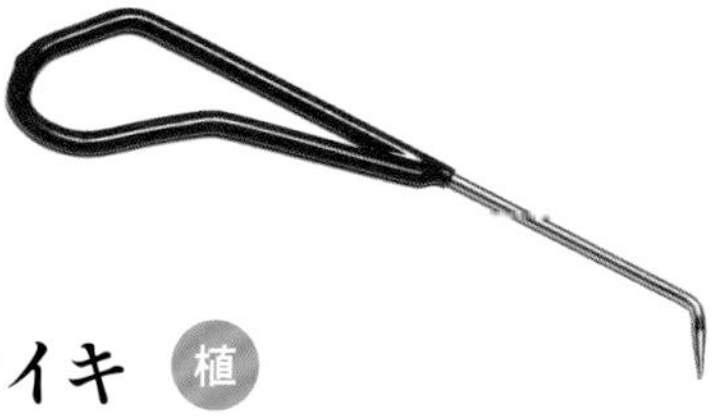

レイキ 植

別名は根かき。植え替えの際、固まっている根をほぐすために使う道具。竹串や竹のはしで対応できない時に便利。

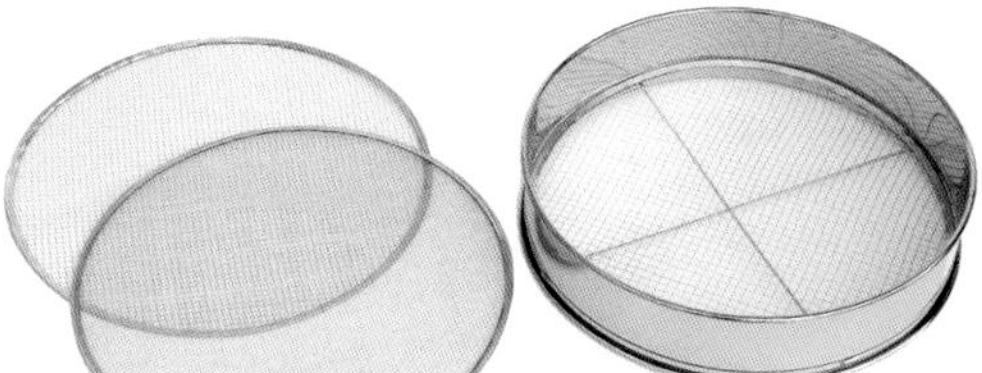

ふるい 植

用土の粒を揃えたり、みじんを取り除いたりするのに使う。目の大きさには各種あるので、必要に応じて選ぶ。

手ぼうき 剪 植

土の表面のみじんをきれいに払ったり、回転台やテーブルの上のほこりを簡単に掃除したりする際に用いる。

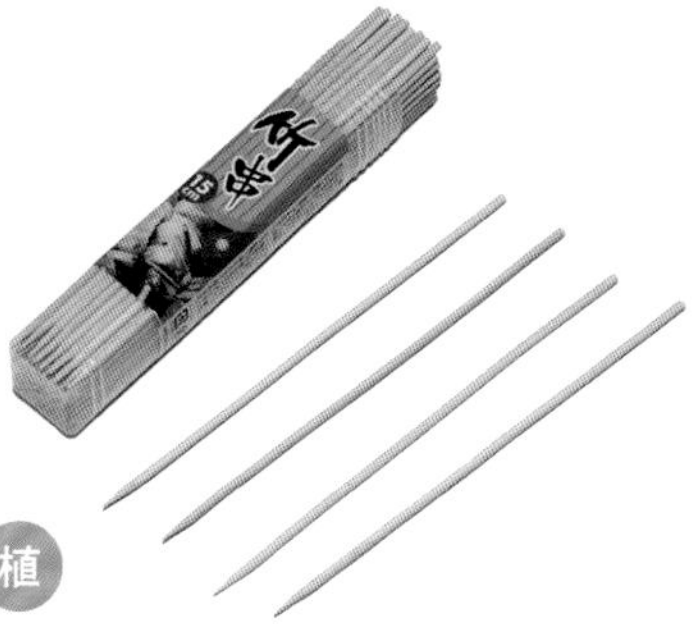

竹串 植

植え替えの際に**根鉢**をほぐしたり、用土を突いて隙間なく入れたりする時に使う。意外に折れにくい。鉢が大きく用土の量も多い場合は竹のはしを用いるとよい。

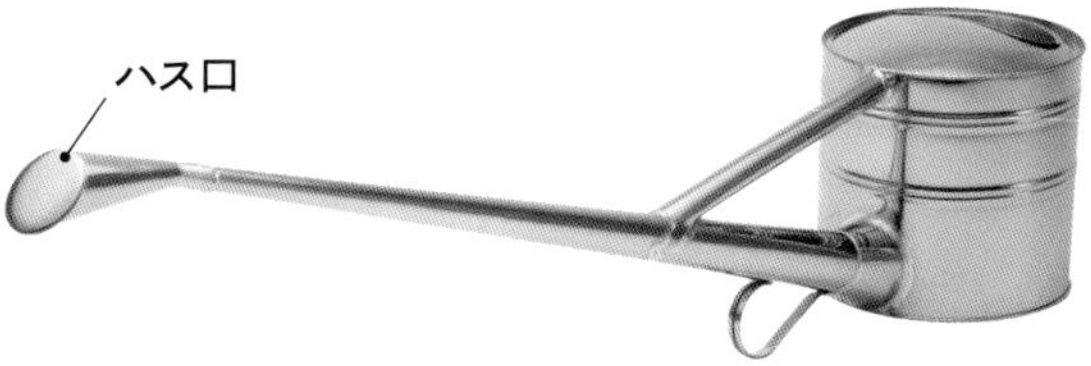

写真提供：根岸産業有限会社

ジョウロ 植

ノズルが長い方が遠くの鉢に届き便利。ハス口の目が粗いと用土が流れ出す原因となるので細かいものを選ぶ。

コテつきピンセット 剪 植

芽摘みや伸びすぎた葉を摘む際に重宝する。盆栽向きに加工されたコテつきが便利。**小品盆栽**には必需品。

盆栽の用土

盆栽の用土に必要とされるのは、水はけ（排水性）、水保ち（保水性）、根の呼吸を妨げない通気性です。

この条件をすべて満たすのが赤玉土です。盆栽向けの基本用土には、この赤玉土を7割、他に川砂（富士砂）、竹炭、軽石を3割くらいの割合で配合するとよいでしょう。

最初は市販の盆栽用の配合土を試してみるのもいいでしょう。赤玉土や川砂などがちょうどよく配合されています。ただし、ガーデニングなどに用いられる培養土は養分が多く含まれているため、植物の根が張り過ぎて、根詰まりを起こしてしまう危険性があります。そうなると、水はけや通気性が悪くなり、植物が弱ってしまうことになります。

用土の準備と配合の方法

赤玉土は袋の中で徐々に崩れ、細粒やみじんを生じている場合があります。細粒やみじんが混ざっていると、目詰まりをおこして、水はけや通気性が悪くなるおそれがあるため、赤玉土を使用する前にふるいにかけて、取り除いておきましょう。

配合するときは適量をはかり、たらいやバットなどの大きめの容器の中でまんべんなく混ぜます。

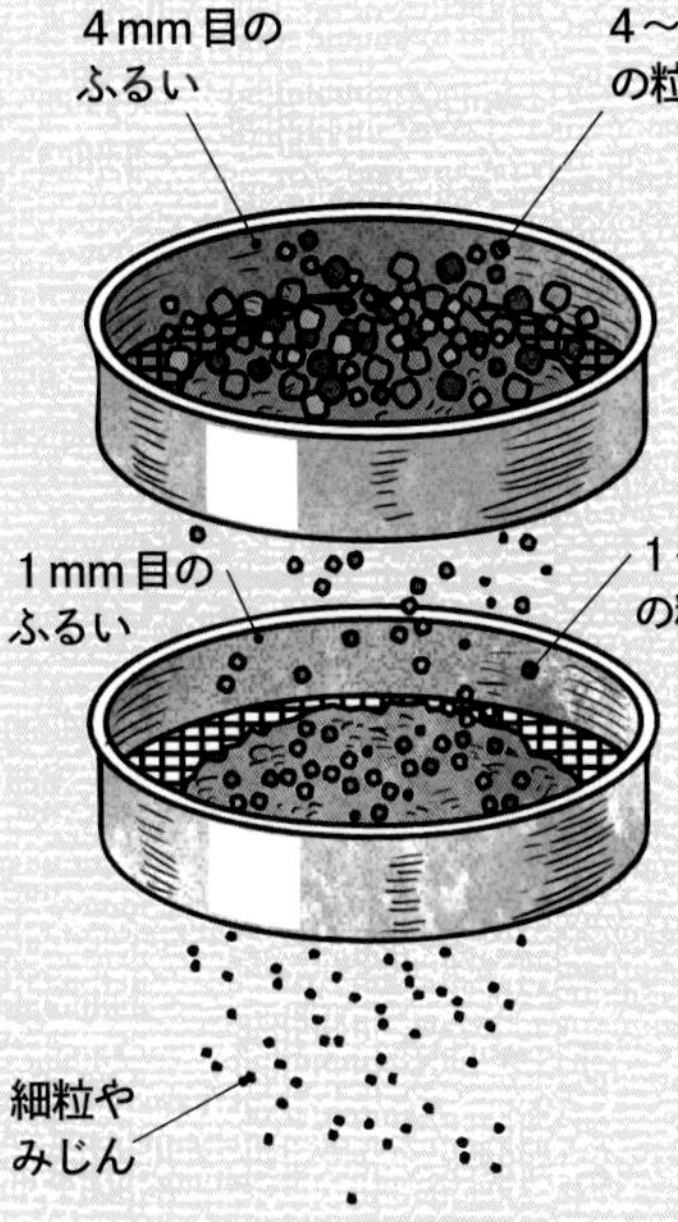

1粒5mmほどの小粒赤玉土を4mm目のふるいにかけると1〜4mmほどの粒が下に落ちる。

1〜4mmほどの赤玉土を1mm目のふるいにかけると、1mm以下の細粒やみじんが下に落ちる。

残った用土の保存方法

使い残した配合用土は用土の袋に戻して口をしばり、風通しのよい日陰で保存します。配合の割合をガムテープなどに記入して袋に貼っておくと便利です。利用するときは再度、ふるいにかけて細粒やみじんを取り除きましょう。ケト土はビニール袋や密閉容器に入れておけば1か月ほど保存できます。乾燥したら霧吹きで水を吹きかけ、再度練り直します。

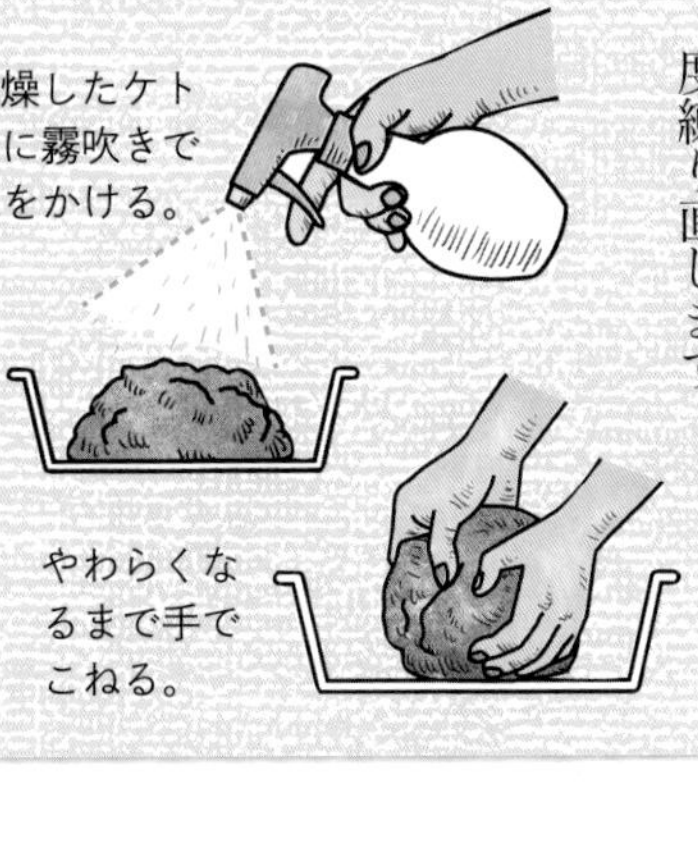

乾燥したケト土に霧吹きで水をかける。

やわらくなるまで手でこねる。

用土の種類

竹炭

樹木の成長を妨げる余計な水分や、様々な腐敗物質を吸収してくれる効果があるので、基本用土に１割ほど配合するだけで、根腐れを防止することができる。もみがらの燻炭も、同じような効果を持っている。

富士砂《ふじずな》

火山灰土を園芸用に加工したもので、鉄分を多く含んでいるため、堅くてやや重い。特徴は通気性がいいこと。山野草栽培に向いており、化粧砂にすることもある。東海地方より西で多く用いられている。

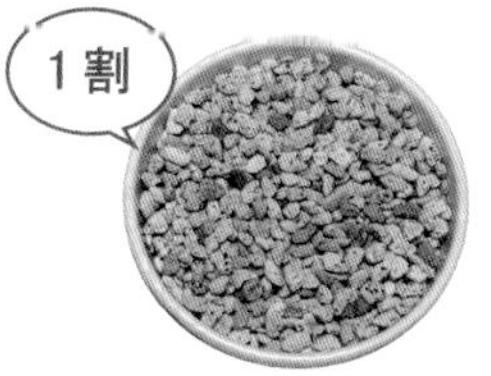

軽石

軽石は火山の噴火によって作られた多孔質の石で、通気性や排水性に優れている。産出される土地の名前がついており、富士砂や鹿沼土も軽石の一種。鉢底に使用することによって、根の生育を促すことができる。

赤玉土《あかだまつち》

赤土を乾燥させたもので、盆栽に最も多く用いられる。大粒、中粒、小粒に分けられ、粒が大きいものほど通気性、排水性、保水性がいい。粒が壊れてくると目詰まりを起こすので、砂などを配合して調整する。

ケト土《つち》

湿地のヨシやマコモなどが堆積して、自然腐熟した土。黒褐色で粘着力があるのが特徴。保水性が高く、挿し木や石付き盆栽に使われる。乾燥すると使えないので、ビニール袋に入れて保存する。

鹿沼土《かぬまつち》

栃木県の鹿沼地方で産出される土で、火山砂礫が風化した軽石。水はけ、通気性がよく、酸性度が強いのが特徴。湿っていると黄褐色で、乾燥していると淡黄色をしている。サツキを育てるのに欠かせない。

用土の配合

基本用土

松柏盆栽、雑木盆栽、花物盆栽、実本竿物、草物盆栽など、ほぼ全てに向く配合。

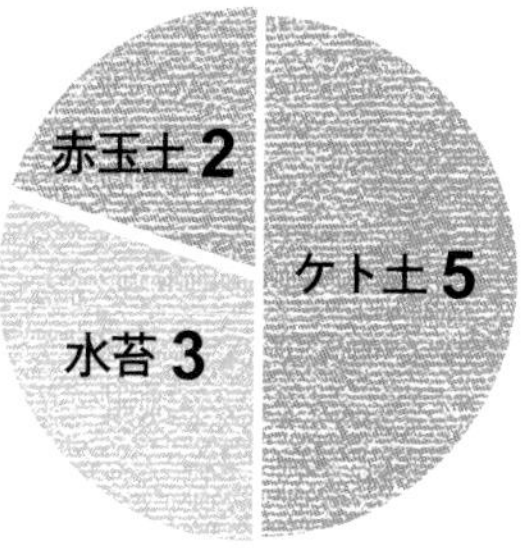

石付き用

石に植物の根を付着させる必要があるため、粘度の高いケト土を用いる。

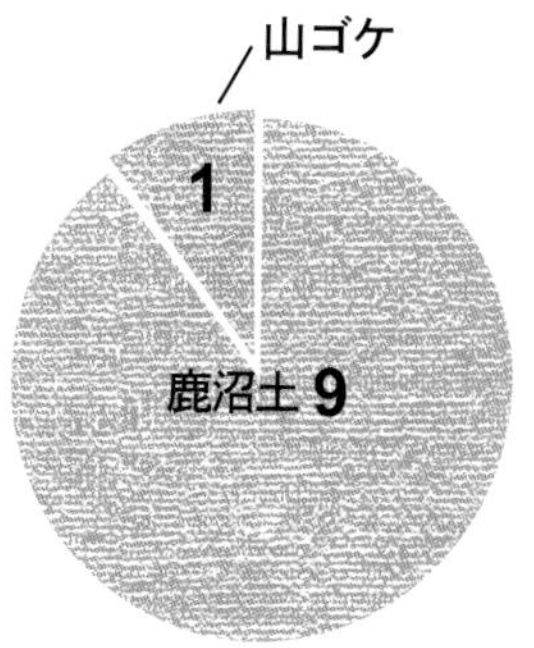

ツツジ・サツキ用

ツツジ科の植物は、酸性土壌でよく生育するため、用土は酸性の鹿沼土に山ゴケを混ぜたものが最適。

盆栽の鉢

盆栽の主眼は、鉢と樹木の調和によって、美しい景色を描き出すことにあります。樹木と相性のいい鉢を選ぶことは大事なポイントです。盆栽の世界では、鉢を選ぶことを「鉢合わせ」、樹木と鉢のバランスを「鉢映り」といいます。

鉢には様々な種類があり、釉薬（上薬）の有無や形、深さの他に、縁の形、脚の有無など、無数の組み合わせがあります。

基本的な組み合わせとしては、松柏盆栽には渋みのある泥もの、雑木や花物、実物には色鉢が似合います。

幹が太い樹には正方鉢や長方鉢、六角鉢を合わせ、幹が細い繊細な樹には、丸鉢や楕円鉢を合わせるとバランスがよくなります。

鉢の種類

泥もの

釉薬をかけずに焼いた泥ものは、素焼きの土の肌合いや、微妙な色の違いが楽しめる。緑の葉が引き立ち、重厚感も出しやすいので、松柏盆栽に適している。使い込むことによって、味わいが増すという魅力もある。

色鉢

釉薬をかけて焼いた色鉢は、青系や赤系など、バラエティーに富んだ色が揃っているので、松柏以外の樹木に幅広く使うことができる。葉や花、実との色合わせを楽しめるのが魅力。通気性は泥ものよりも劣っている。

鉢の各部名称

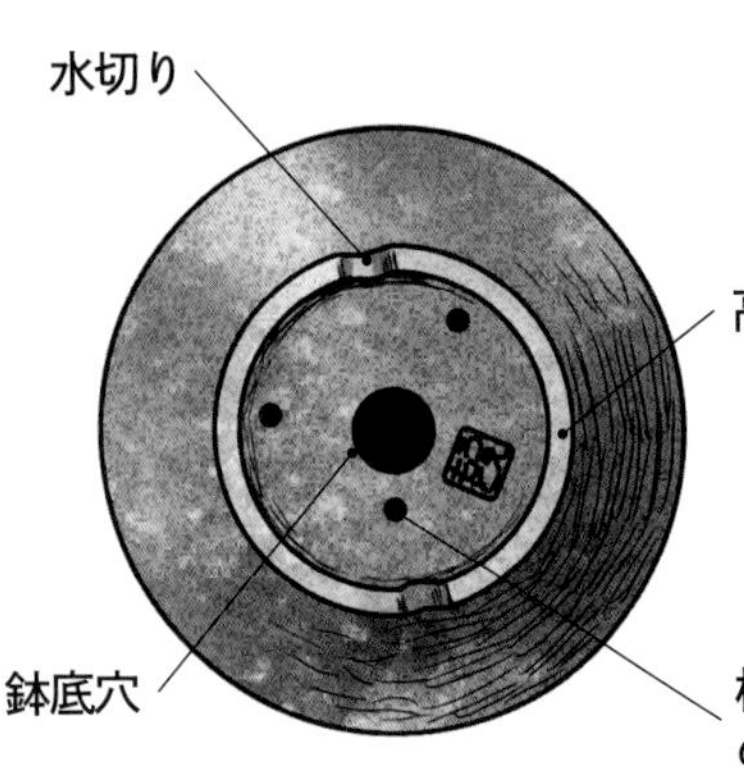

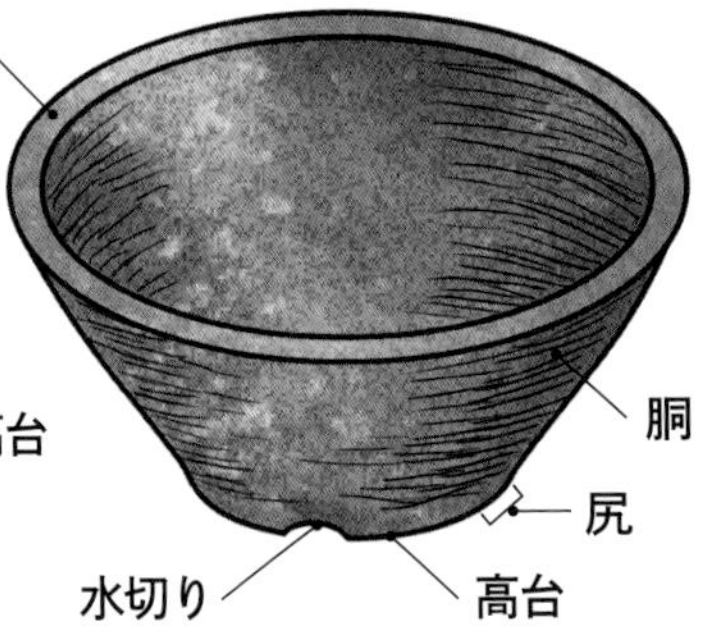

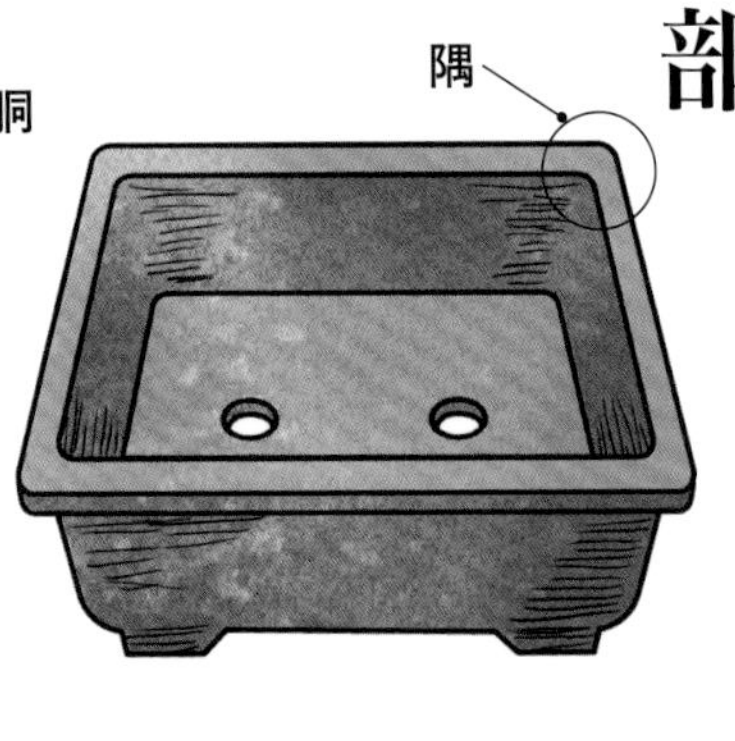

鉢の深さ

大きさ、形、色、質感だけでなく、その樹木の持ち味を十分に引き出せる深さを選ぶことが重要なポイント。深さによって、それぞれ呼び名も異なる。

下方鉢
鉢の直径より高い縦に長い鉢。

深鉢
鉢の直径と同じ高さか、直径より高い鉢。

中深鉢
深鉢と浅鉢の中間の深さの鉢。

浅鉢
鉢の直径に対して高さが半分以下の鉢。

薄鉢
浅鉢の中でも特に底の浅い鉢。

鉢の形

鉢には上から見たときの縁の形別に、それぞれ呼び名がある。縁の形が楕円形なら楕円鉢、正方形なら正方鉢。幹の太さや樹種により合わせ方を考える。

丸鉢

正方鉢

楕円鉢

長方鉢

六角鉢

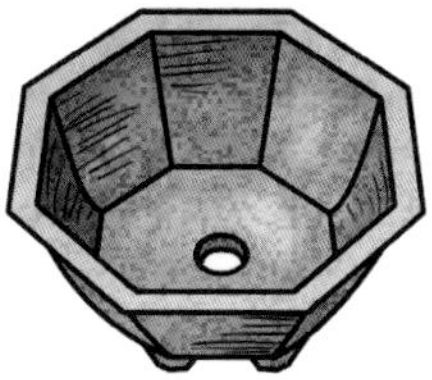

八角鉢

縁の種類

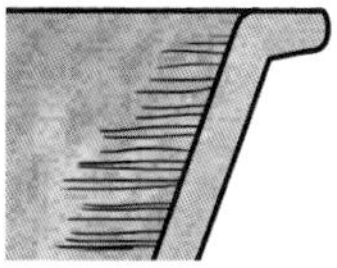

外縁
鉢の外側に縁が張り出している。

内縁
鉢の内側に縁が張り出している。

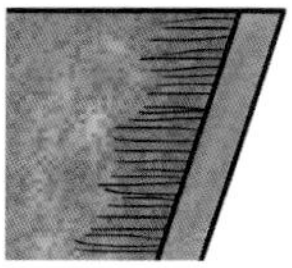

切立
内側にも外側にも縁が張り出していない。

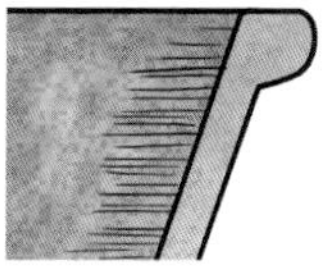

玉縁
鉢の外側に張り出した縁が丸みを帯びている。

隅の形

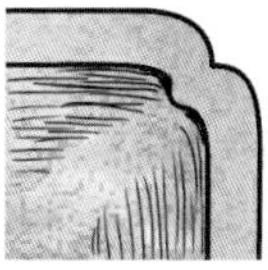

隅入

角

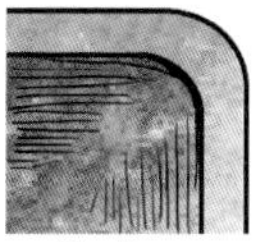

撫角

高台の種類

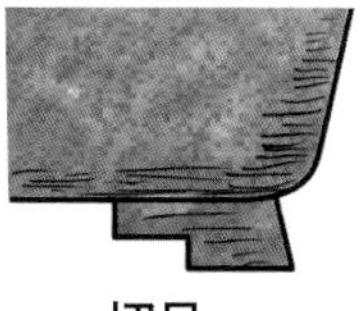

切足

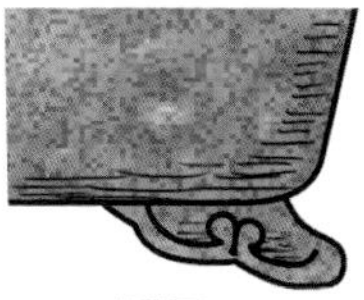

雲足

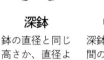

作業の基本

剪定

剪定とは、芽や葉を整理したり、邪魔な枝を切ったりする作業のことです。

芽や葉の整理は、樹木が生長期を迎える春や夏に行います。葉が混み合うと、日照や風通しが不足して病気の原因になるからです。

芽を摘んだり、葉の数を減らしたりすることで、日当たりや風通しが改善され、病害虫の発生を抑えて、樹木の健康を保つことができます。新芽を摘むことで、本来、翌年に伸びる脇芽の活動が促され、小枝の数を増やせます。

剪定の最大の目的は、樹形を整えることです。春や夏の生長期には長く伸びる枝を切って樹形を維持し、秋や冬の休眠期は、翌年の樹形を見据えて、不要な枝を整理することが大切です。

After

Before

剪定の種類

◆ 切り戻し

長く伸びた枝を輪郭線まで短くして樹形を整えること。芽のすぐ上で切ることが大切。

◆ 追い込み

樹のサイズを維持するため、全体的に一回りサイズを小さくすること。生長期に行う。

◆ 間引き

不要な枝を元から切り取って樹形を整えること。日照不足を防ぎ、風通しをよくして病害虫の発生を防ぐ。

◆ 根の剪定

根と樹の勢いは比例する。植え替えの時に走り根（長い根）を切れば、徒《と》長枝《ちょうし》（余分な枝）を抑えられる。

◆ 芽摘み

新芽をピンセットで摘むこと。最初に吹く1番目は伸びる力が強く、放っておくと葉や枝が茂ってしまう。

◆ 葉刈り

芽摘みの後に固まってきた葉を、葉柄を残して刈り取ること。効率のいい小枝作りと、樹勢の平均化が目的。

◆ 葉切り

生長期に、外周部にある葉を部分的に切り取って小さくすること。目的は日照や風通しをよくすること。

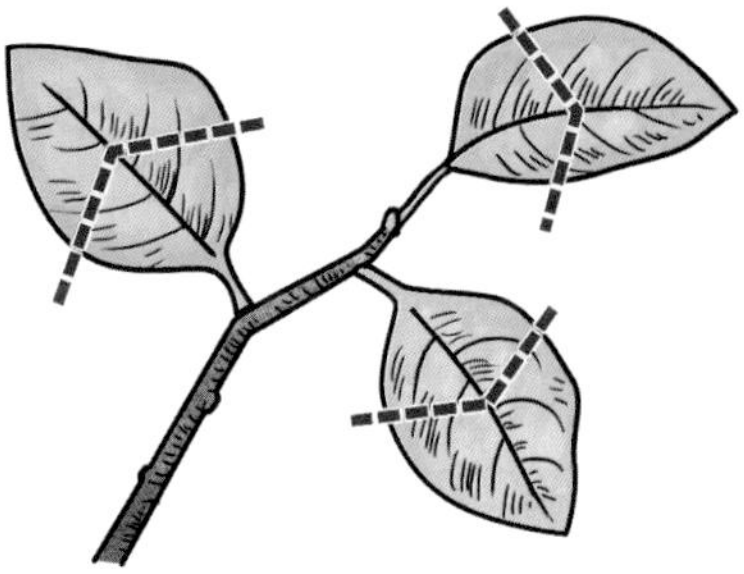

◆ 葉すかし

大きな葉を元から切り取って、葉の量を減らすこと。日照や風通しの改善、葉の大きさの平均化が目的。

作業の基本

剪定・忌み枝

忌み枝とは、樹形の美しさを乱したり、観賞価値を下げたりする不要な枝を指します。樹形を崩すだけでなく、日当たりや風通しを悪化させて、樹の生長を妨げるため、見つけたら元から切り取る必要があります。

忌み枝の種類

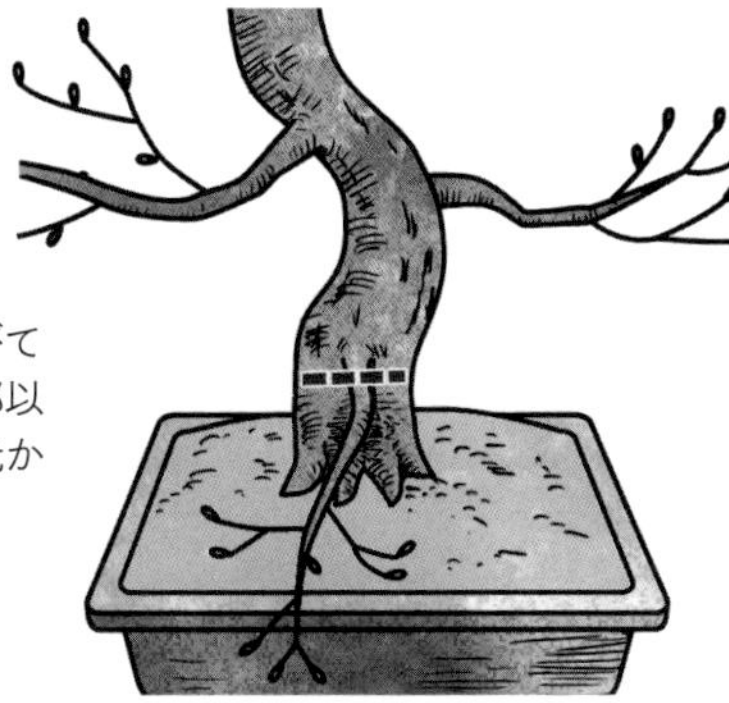

突き枝

正面に向かって伸びている枝のこと。頭部以外にある場合は、元から切り取る。

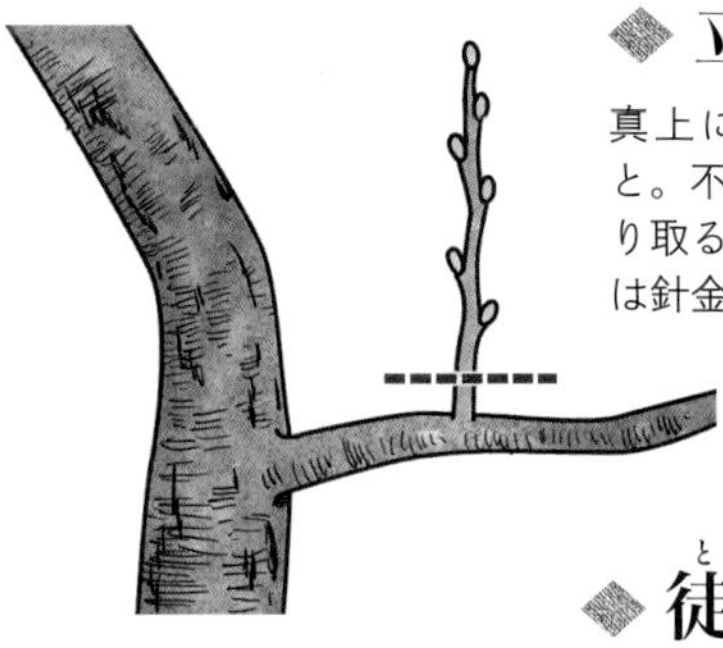

立ち枝

真上に伸びた枝のこと。不要なら元から切り取る。残したい場合は針金かけで伏せる。

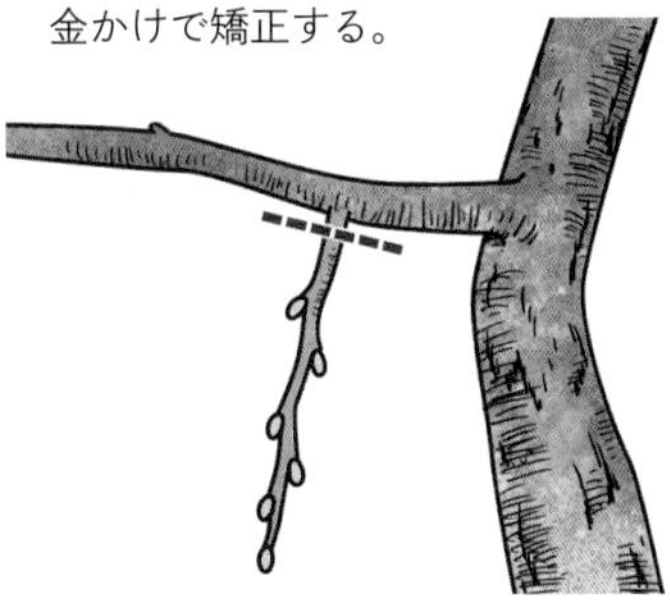

下向き枝

下向きに伸びた枝のこと。弱りやすいので、元から切り取るか、針金かけで矯正する。

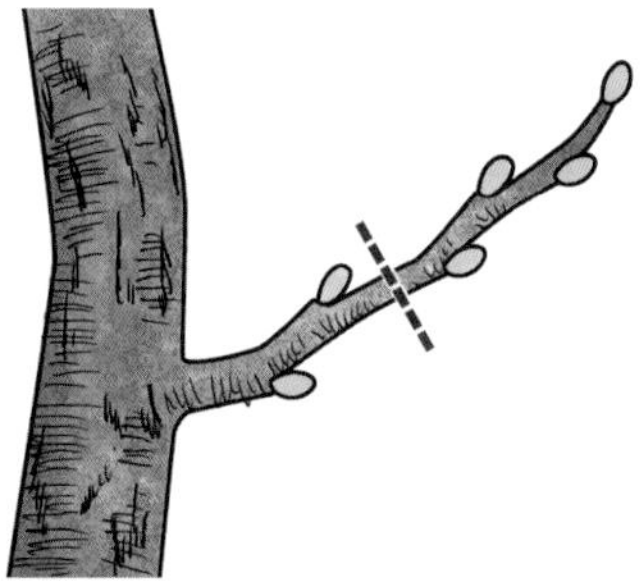

徒長枝《とちょうし》

上方に長く太く伸びた勢いの強い枝のこと。養分を取り過ぎ、他の枝の生長が遅くなる。

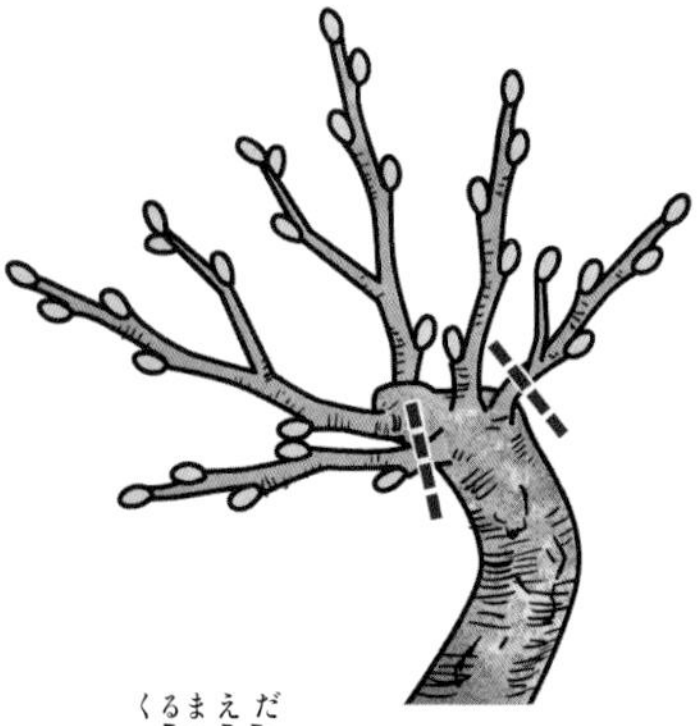

車枝《くるまえだ》

1か所から複数の枝が放射状にまとまって出ていること。間引いて2～3本に減らす。

閂枝《かんぬきえだ》

左右や前後に一直線に貫通したように見える枝のこと。つけ根がこぶのようにふくらみ樹形を乱すので一方を切る。

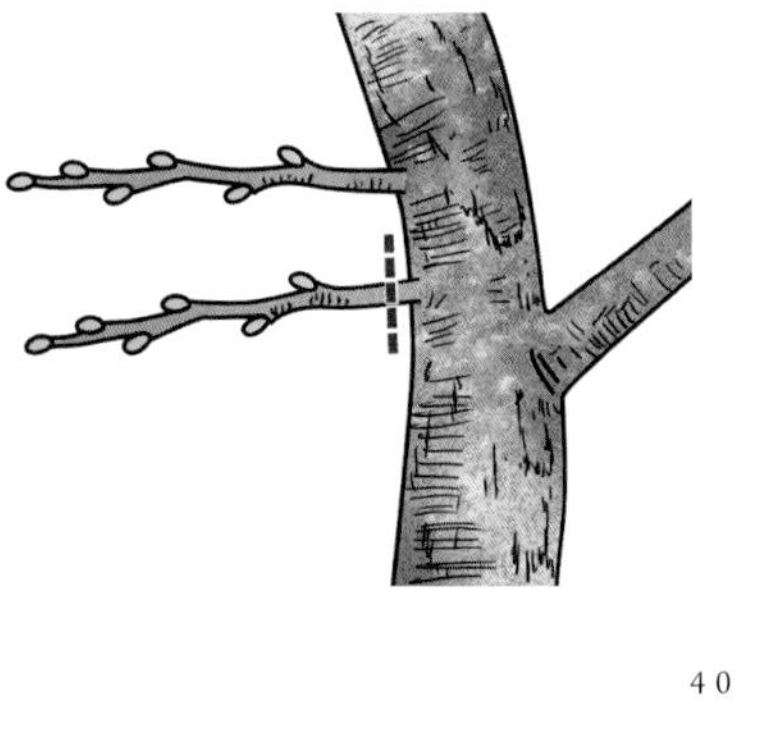

平行枝

近い位置で、長さ、太さ、方向が同じ枝のこと。一方を切るか、針金かけで調整する。

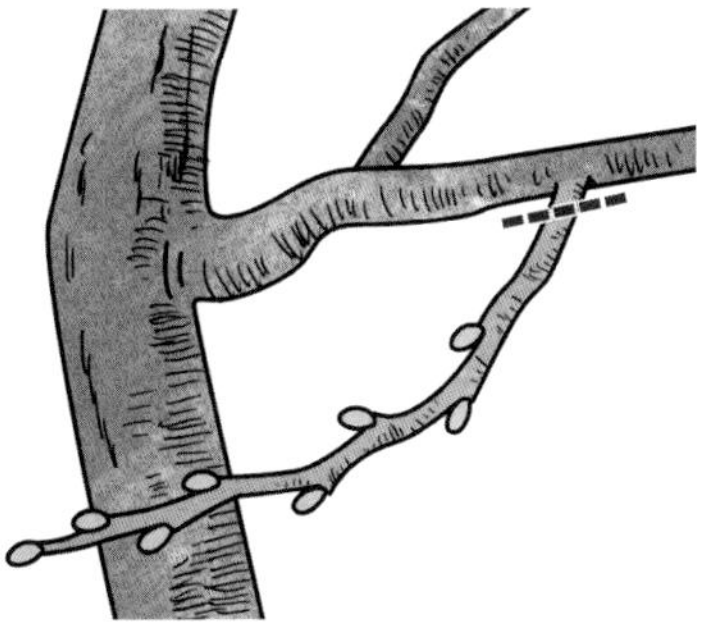

逆枝《ぎゃくえだ》

逆方向に不自然に伸びた枝のこと。景観を崩すので、元から切るか針金かけで矯正する。

重なり枝

同じ方向に重なって伸びた複数の枝のこと。樹形を崩すので、一方を根元から切る。

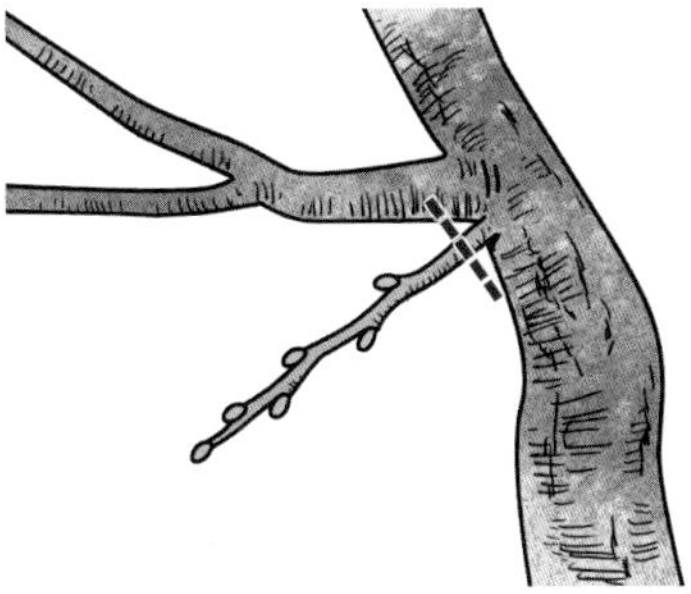

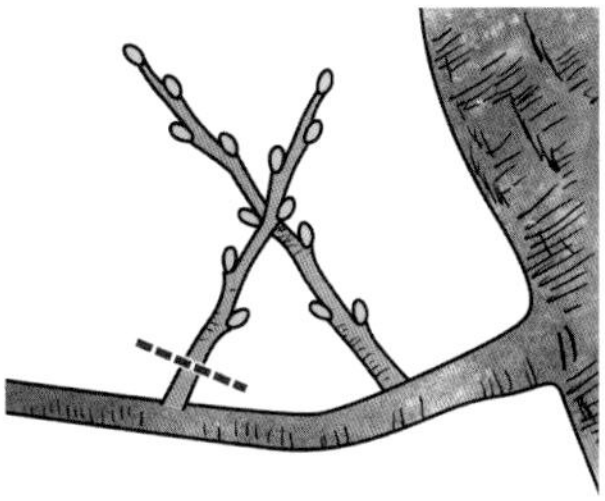

交差枝

主要な枝や幹と交差する枝のこと。不自然なので交差しないように根元から切り取る。

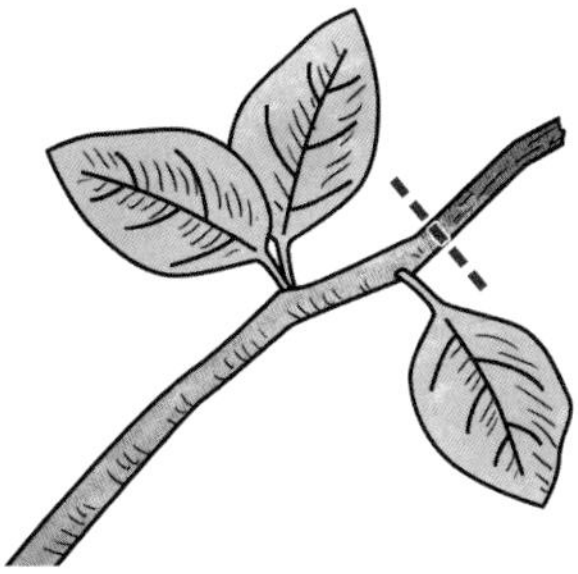

枯れ枝

枯れている枝のこと。景観を損ねるので、見つけたら季節を問わずに切り取る。

カエル又

Uの字に曲がった枝のこと。針金かけで形を矯正するか、切って方向を変える。

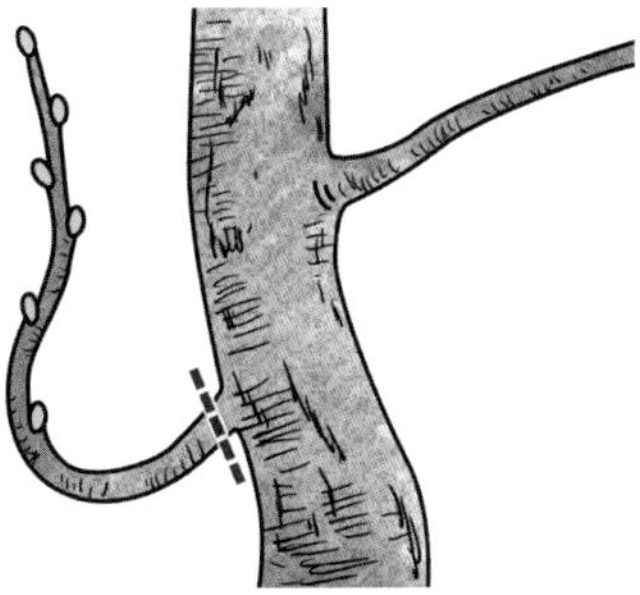

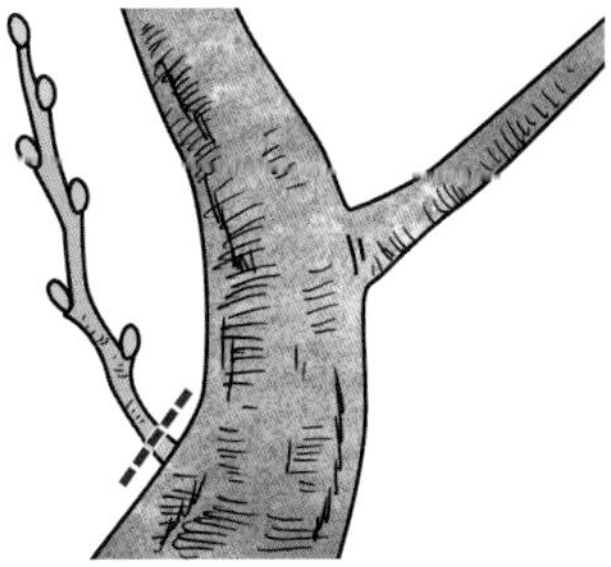

腹枝《はらえだ》

幹の曲りの内側から出た枝のこと。元から切るが、周りに枝が少ない場合は少し残す。

癒合剤で切り口を保護する

太い幹の切り口をそのまま放置すると、コブのように樹皮が盛り上がったり、病原菌が侵入することもあります。切り口はできるだけ平らに切り、癒合剤（癒合促進塗布剤）を塗って保護することが大切です。

切り口からは水分や養分が出たり、雨水や病原菌が入ったりする可能性がある。

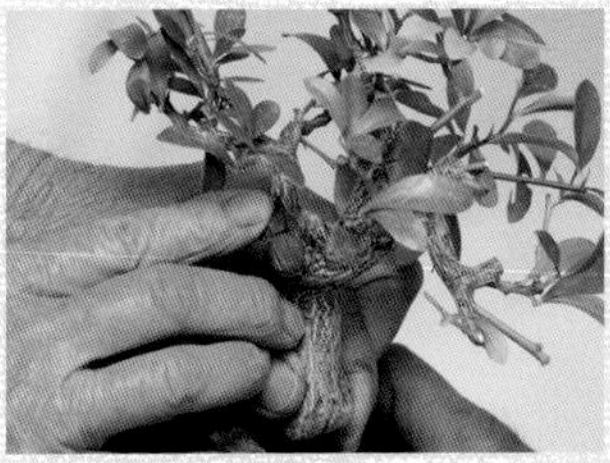

癒合剤は、水分や養分の流出、雨水や病原菌の侵入を防ぎ、傷口がふさがるのを早める効果がある。

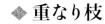

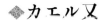

作業の基本

針金かけ

針金かけの目的は、枝が伸びる方向を矯正することにあります。放っておくと、枝は光の当たる方向に伸びるため、葉や枝が混み合って日照不足になり、バランスの悪い樹形になってしまいます。

針金かけをする際は、銅線とアルミ線を使います。銅線は硬くて扱いにくい一面がありますが、茶色なので目立ちません。アルミ線は柔らかくて扱いやすいものの、色が目立ちます。

樹木の種類や枝の太さによって使い分け、巻く間隔を均等に揃えると見た目も綺麗です。特に、アルミ線は太さ別に何種類か用意しておくと便利です。

大切なのは、強引に針金をかけて、枝を傷付けないこと。目標とする樹形が定着したら、針金を外します。

針金かけの基本

枝の股から針金をかける

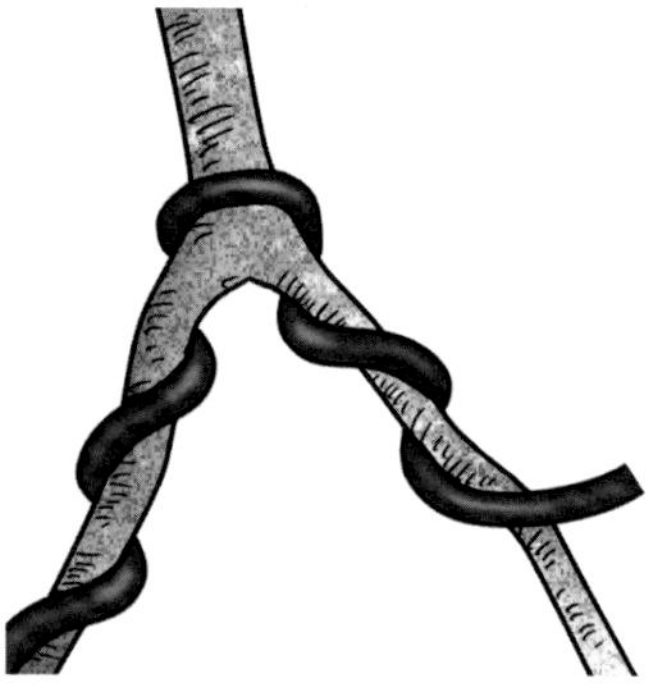

枝が二又になっている箇所は、枝の股（分岐点）を起点にして、針金をVの字形に曲げて２本に分けて巻く。

枝を曲げる方向を決める

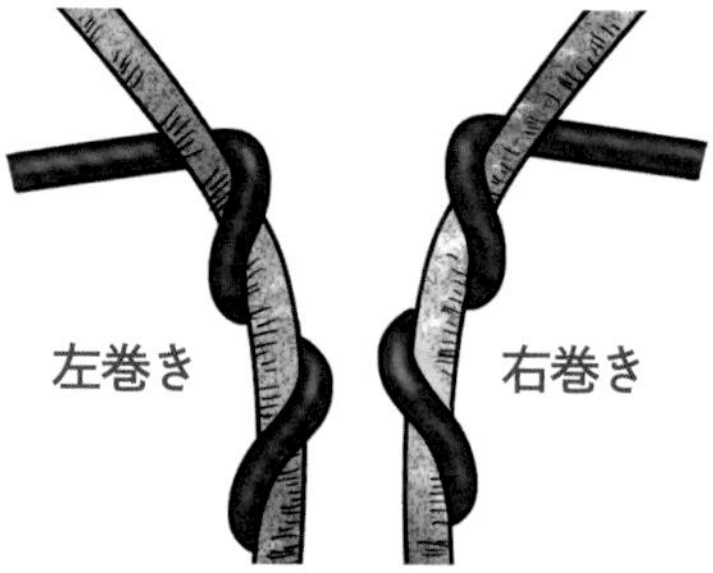

枝を左に曲げたい場合は左巻き（反時計回り）に、右に曲げたい場合は右巻きに巻く。枝を手で軽く曲げると、枝本来の方向がわかる。手で軽く曲げても曲がらない方に針金をかけると、折れてしまうおそれがあるので注意。

枝を曲げる

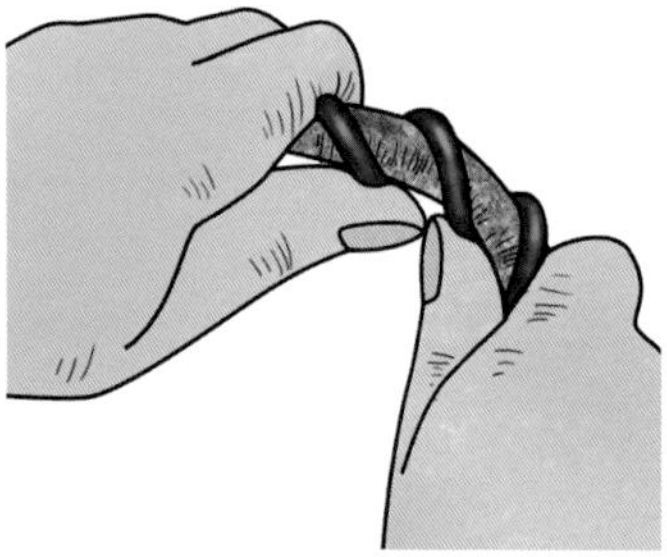

針金の当たっている部分を外側とし、内側の針金に親指を当てる。そこを支点として力を加えていき曲げる。針金が緩んだり枝が折れたりしないように注意する。

針金を巻き始める

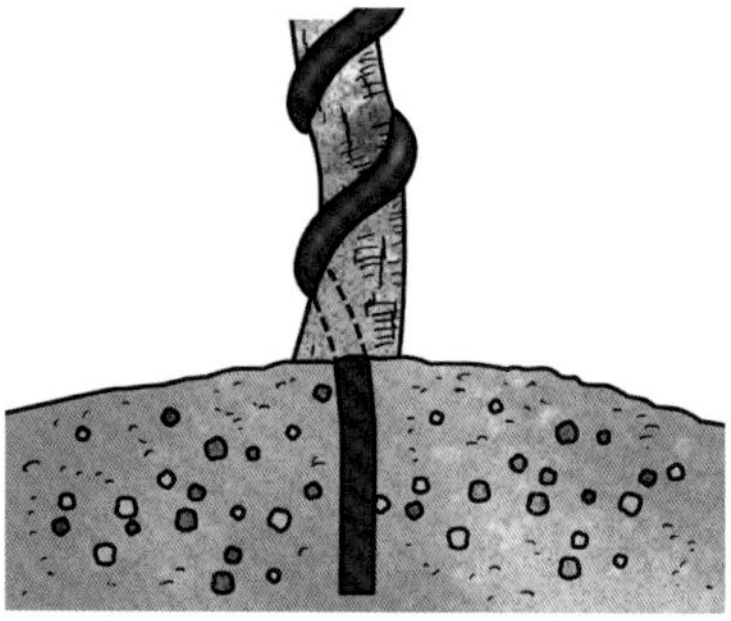

針金を鉢土に差し込み、そこを起点として、樹の裏側から45度の角度で等間隔に巻いていく。太い枝から細い枝、枝元から枝先に向かってかける。

枝元の曲げ方

松柏類

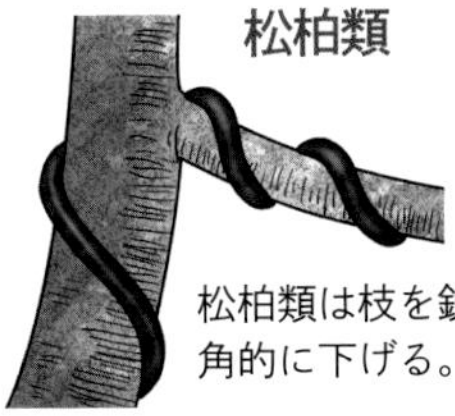

松柏類は枝を鋭角的に下げる。

雑木類

雑木類は枝をやや持ち上げてから下げる。

針金の継ぎ足し

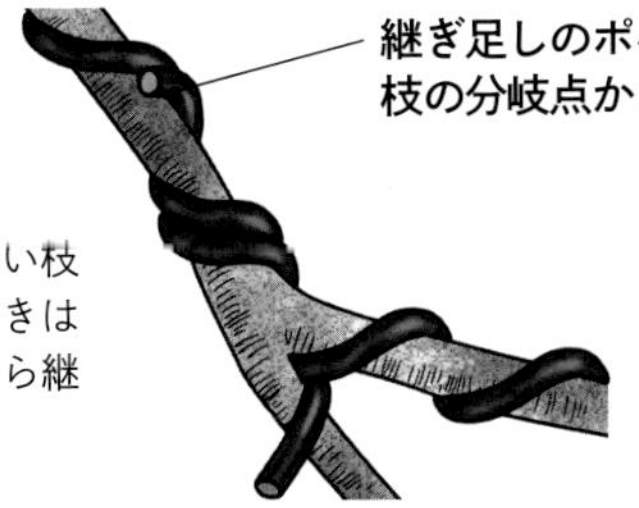
継ぎ足しのポイントは
枝の分岐点から２～３巻き

太い枝から細い枝に継ぎ足すときは２～３巻上から継ぎ足す。

針金の方向転換

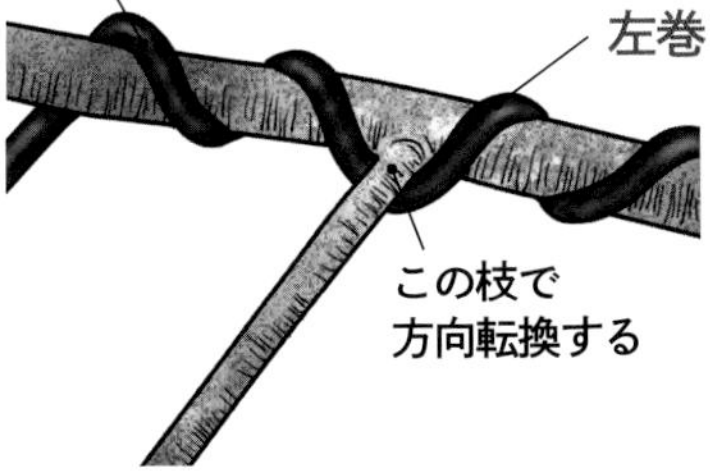
右巻き
左巻き

針金の巻き方を変えるときは途中の枝を利用する。

枝への針金かけ

1

枝への針金かけは近くにある同じくらいの太さの枝を選んで両方をつなぐようにかける。まず、一方の枝に針金をかける。

2

枝と枝の間に１～２巻き針金を巻いてから、もう１本の枝にかける。

針金の外し方と針金かけでできた傷の治し方

4 癒合剤を塗る

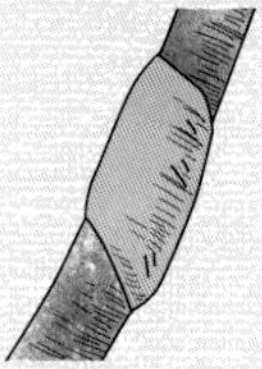

3 膨らみ部を削る

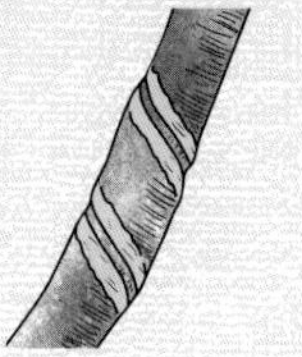

2 ヤットコで外す

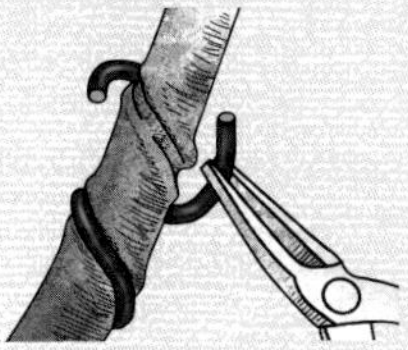

1 針金切りで切る

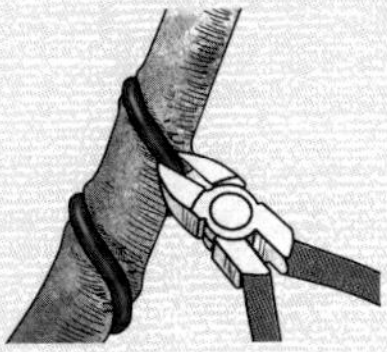

若い木は枝や幹が柔らかく、針金かけの効果が高い反面、成長が早いことから針金が食い込むことも考えられます。食い込みかけたら、ヤットコで外すか、あるいは針金切りで切って外します。針金が食い込んだ部分が膨らんだら、ナイフなどで削り取り、癒合剤を塗ります。

作業の基本

植え替え

植え替えの目的は、根の環境を整えることです。鉢の中に根が密集してしまうと、水はけや通気性が悪くなり、水分や養分の吸収ができません。表土から水が浸み込みにくくなったら、植え替えの必要があります。

苗木の場合は、1年に1回を目安に植え替えをします。弱い根を切り落とし、強い根が伸びられるように、次の鉢を一回りくらい大きくします。木に力が付いてきたら、今度は強い根も短くして、小さい鉢に移します。こちらは、2~3年に1回が目安です。

植え替えの直後は、水はけがよくなるように、鉢を少し傾けておきましょう。まだ根付いていないので、強い風が当たらないように、置き場所を工夫することも大切です。

植え替え鉢の準備

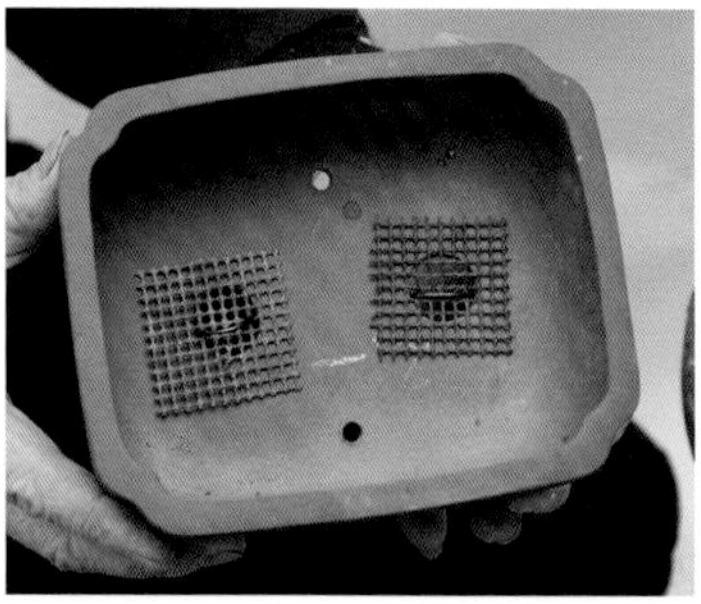

1 鉢底ネットを鉢底穴より一回り大きいサイズにカット。U字状に曲げた針金を内側から外側に通す。

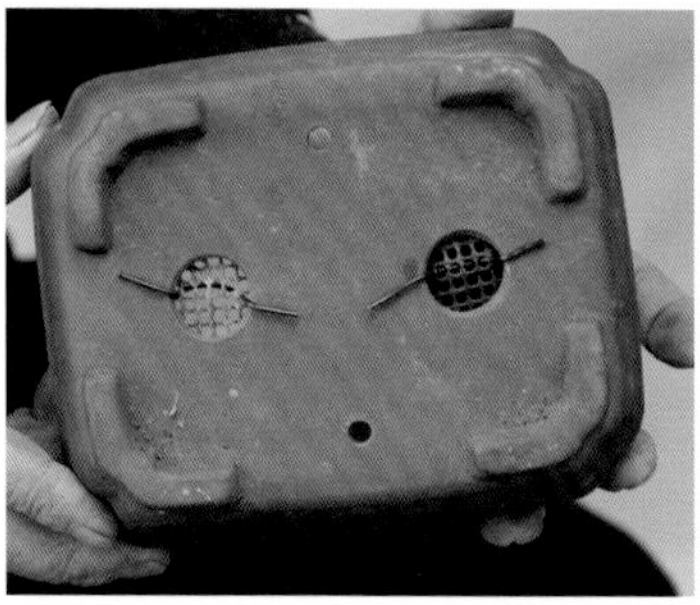

2 ヤットコで針金を折り曲げて鉢底ネットを鉢に固定。鉢底からはみ出す針金は針金切りでカットする。

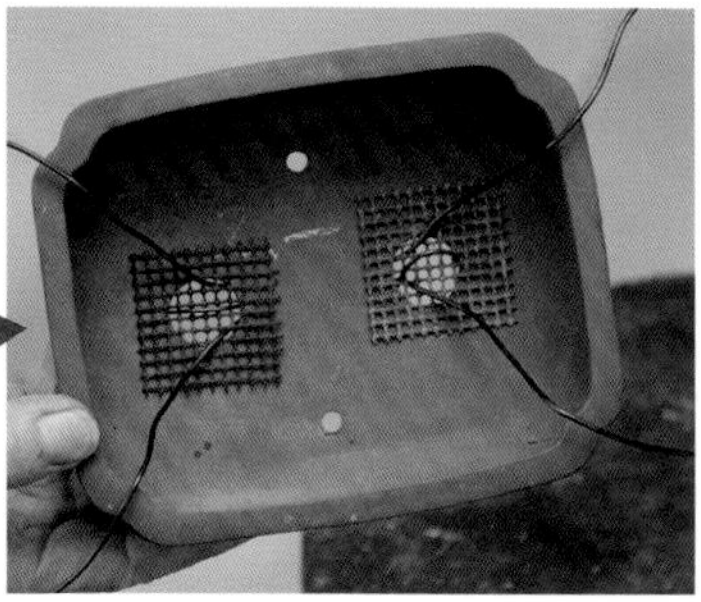

3 鉢底から2つの鉢底穴に長めの針金を2本通す。これで樹木を鉢に固定する。

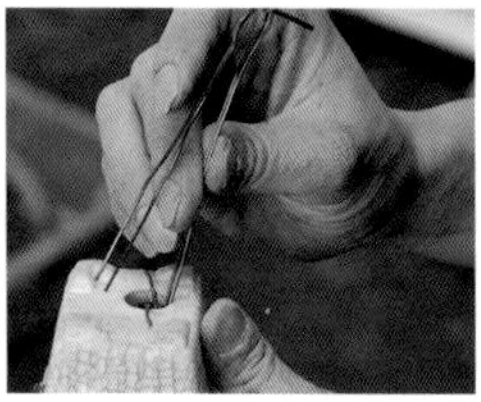

鉢底穴が1つの鉢は、直径2mmの針金に直径1.5mmの針金を巻きつけたものを作って樹木を固定する。

根や根鉢の処理

レイキで根鉢を上から下に向かってほぐし、根の量が多い場合は根切りばさみでカットする。

長い根や量の多い根は根切りばさみで短く切りつめる。

植えつける

❶ 鉢土に用土を少し敷き、樹木の置き位置を決めてから、針金で根を固定する。

❷ 樹木と鉢の間に、隙間なく用土を入れる。

❸ 必要に応じて鉢土の表面に苔を敷き詰める。最後に鉢底から流れる水が透明になるまでたっぷりと水やりをする。

用土の入れ方

❶ 最初に粒が大きめの赤玉土のゴロ土を少量敷く。

❷ ゴロ土と同じ厚みに植え付け用の用土を入れる。

❸ 樹木を植え付けたら、さらに用土を入れる。割りばしや竹串などでついて隙間を埋める。

盆栽の管理

鉢の置き場所

春花園に置かれた鉢の数々。木製、あるいはコンクリート製の杭の上に平らな石や木製の板をセッティングし、その上に鉢を置いている。鉢は針金により杭に固定されており、強風や地震でも落ちることはない。

盆栽を置く場所は、日当たりと風通しがよい戸外が適しています。樹木の種類によって、最適な場所は微妙に異なりますから、棚や縁台を使って、上手に環境を調節することが大切です。木の板やコンクリートブロックで置き場を作ってもよいでしょう。

棚の上段は日当たりがよくなり、乾燥しがちですが、下段は日当たりがあまりよくないため、湿潤になります。こうした傾向を利用することで、マンションのベランダなど、空間に余裕がない場所でも、盆栽を育てやすくなります。

直接、地面に鉢を置くことは絶対に避けましょう。雨や水やりの時の泥はねによって、病気に感染しやすくなり、ナメクジなど、害虫の被害に遭う危険性が高くなります。

小さい鉢の置き場の工夫

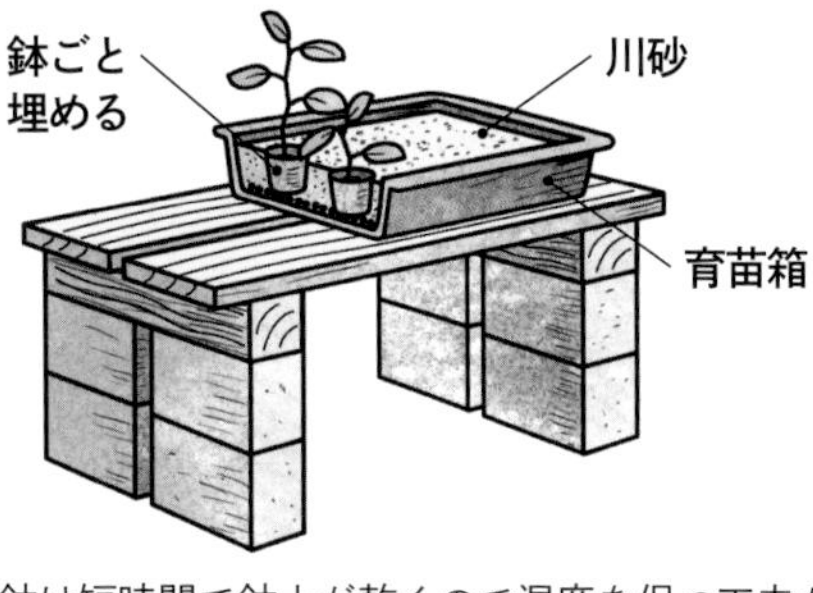

小さい鉢は短時間で鉢土が乾くので湿度を保つ工夫が必要になる。育苗箱やプランターなどに川砂を敷き詰め、鉢ごと砂に埋めると湿度を保つことができる。

簡単な鉢置き場

コンクリートブロックを２段に重ね、その上に角材と棚板を乗せる。厚手の板材は水を吸い、適度な湿度を保ち、照り返しも防ぐ。

盆栽の管理

水やり

水やりは、単なる水分の補給ではなく、鉢の中の古い空気や老廃物を、水流によって押し出す効果があります。鉢土の表面が乾いたら、鉢穴から水が流れ出るまで、たっぷりと与えるのが基本です。

樹木の種類によっては、水を好むものと、それほどでもないものがあり、季節によっても水の量や回数が異なりますから、あらかじめ特徴を知っておくことで、失敗は避けられます。

水やりは水道水をホースで散布して問題ありませんが、ジョウロを使って一鉢ずつ丁寧に水やりをすれば、盆栽の状態を細かくチェックできるので一石二鳥です。ジョウロは、ハス口の目ができるだけ細かくて、水流の柔らかなものがおすすめです。

春花園ではホースやじょうろを使い、たっぷりと水を与えている。

水やりの目安 ※鉢土の表面が乾いたらたっぷりと与える	
春	1日1回
夏	1日2～3回
秋	1日1回
冬	2～3日に1回

◈ 底面給水

バケツ
鉢底穴から水が入る
鉢縁までつかるくらいの水

底面給水は水不足の応急処置のひとつ。バケツなどに水を張り、盆栽を鉢ごと表土まで水に浸す。鉢底穴から鉢全体に水が行き渡り水切れが解消される。

◈ 水切れのサイン

葉が枯れるのは根の不調による水切れのサイン

葉の縁や先が枯れるのは水不足のサイン。いったん水が抜けた後に、再びたっぷりと注ぐ「返し水」や底面給水の応急処置をしてから植え替えで根の状態を確認、回復を図る。

盆栽の管理

肥料の与え方

鉢の中で樹木を育てる盆栽は、土の量が限られているため、肥料による栄養補給が欠かせません。ただし、根の量も少ないので、吸収できないほど多くの肥料を与えると、根を傷めることになります。

肥料を与える際は、量を加減して肥料濃度を高くし過ぎないこと、ゆっくりと効果が出る緩効性の肥料を選ぶこと、樹木の活動期を考慮して、そのタイミングに合わせることが重要です。

肥料の種類と与え方

肥料には即効性のある液肥、土の上に置くと長期間効果が持続する置き肥、土に混ぜて使う元肥があります。肥料として補う必要がある窒素、リン酸、カリなどの栄養素が、それぞれ配

肥料の種類

元肥の与え方

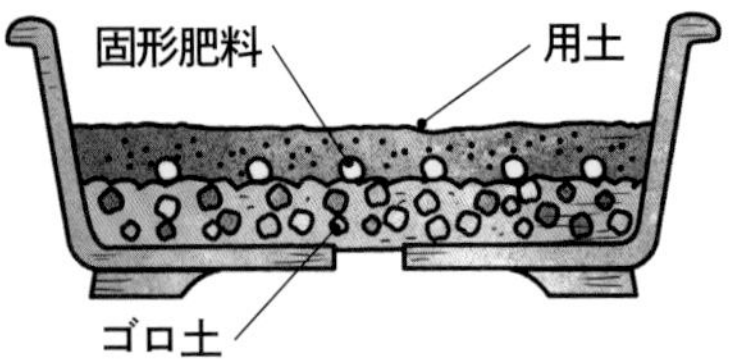

花物盆栽、実物盆栽の植え替え時に、ゴロ土の上に緩行性の固形肥料を入れて、用土を薄くかぶせる。その上に樹木を置いてすき間を用土で埋める。

元肥

元肥とは、植え付けや植え替えの際に、土に混ぜ込んで事前に与える肥料のこと。ゴロ土の上に緩効性の固形肥料を入れ、その上から用土を薄くかぶせる。

液肥の施し方

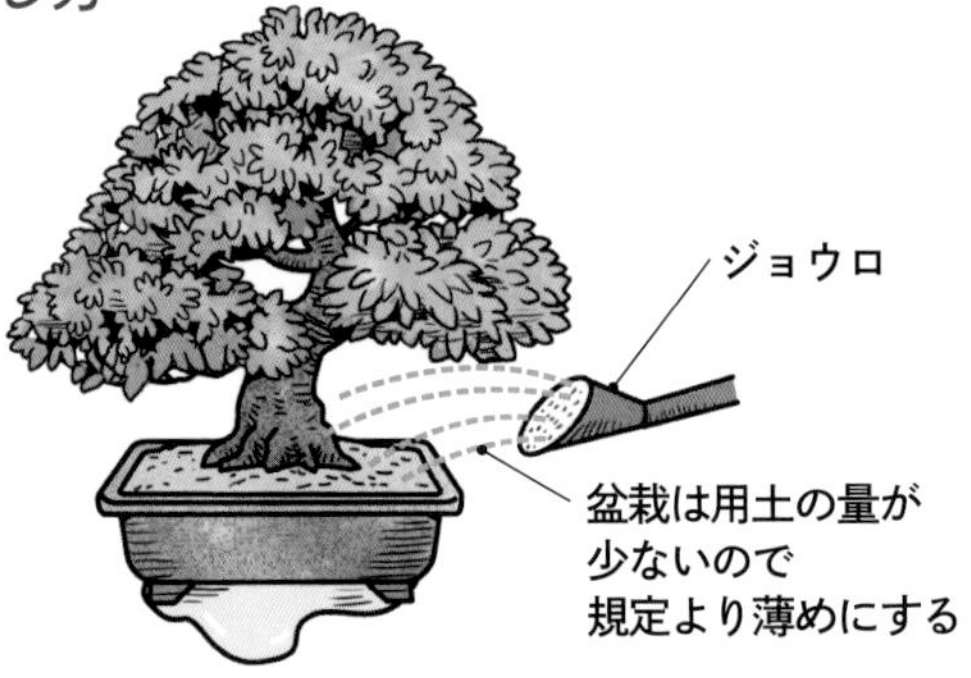

規定の濃度よりも薄めに希釈して、水やりも兼ねて与えてもよい。植物が栄養を吸収し始めるまでには時間が掛かるため、頻繁に与えるのが効果的。

液肥

液肥とは、液状の肥料のこと。ジョウロなどに薄めた液肥を入れ、鉢土全体にかける。固形肥料と比べて即効性があり、草物や花物の開花中に与えると効果が高い。夏におすすめ。

合されています。
活力剤は元気のない植物の調子を取り戻します。鉄イオンや植物の抽出液などが配合されており、肥料の吸収、根や芽を出す活力の補給に役立ちます。

肥料を与える時期

樹木の種類によって、肥料を好むものと、そうでないものがありますが、一般的には、生長期となる春から初夏と、冬に向けて力を蓄える秋に、生長を後押しするための追肥として、固形肥料を鉢の縁に置き肥します。

冬の休眠状態にある樹木に肥料を与える必要はありませんし、剪定や植え替えなど、樹木がダメージを受けた直後も肥料は控えます。根の肥料負けを防ぐため、梅雨の時期と夏も肥料は与えません。

また、花物や実物の場合は、植え替えの際に元肥をして、開花から結実までは肥料を与えないようにします。

置き肥

置き肥とは、鉢土に肥料を置くこと。アルミ線でU字形のピンを作り、置き肥をはさんで、根に触れないように刺す。

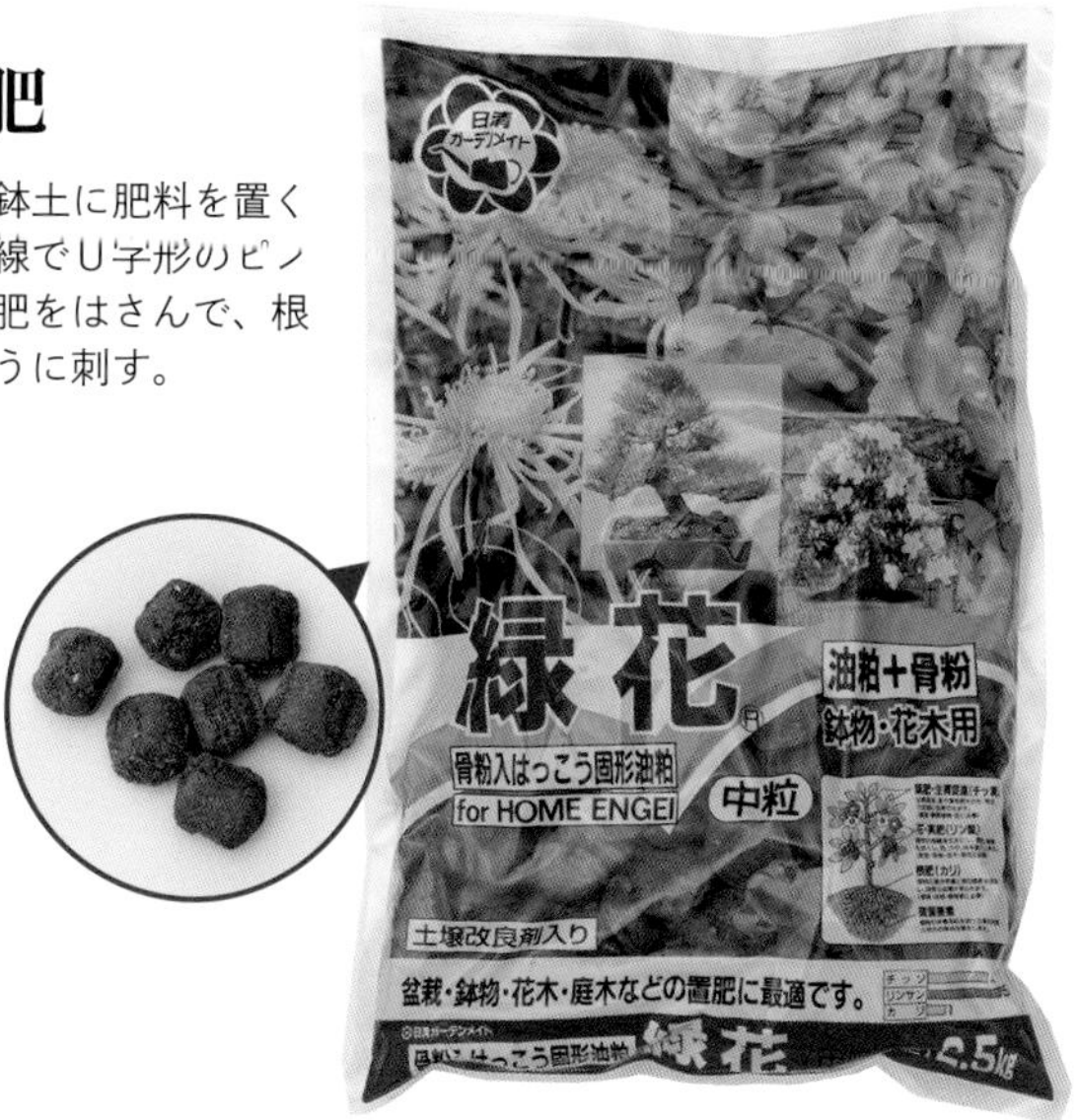

置き肥の与え方

置き肥をU字形にした針金で軽くはさみ、鉢土に固定する。鉢の大きさに合わせて鉢の周囲に均等に置く。

活力剤の与え方

葉が黄色くなってきた場合などに与えるとよい。水で薄めてから霧吹きで直接葉に散布すると、樹勢が回復する。根を切った植え替え後は負担になるので避ける。

活力剤

活力剤は樹勢が落ちた樹木に散布することで、回復を手助けするために使用する。根を切った植え替え直後の樹木には、木の負担になるので、使わないように注意。

盆栽の管理

病害虫の種類と症状

病気や害虫による被害は、起こってからでは対処が大変です。まずは盆栽に適した環境をしっかりと整えることが、一番の病害虫対策になります。

日当たりと風通しがしっかり確保できる場所であること、枝葉が整理されて込み入っていないこと、十分に余裕を持った間隔で鉢を置いて影を作らないこと。こうした環境を作っておけば、簡単には病気になりません。

早めの対処が有効

害虫の場合は、発生する時期が決まっているので、早めに対処すれば、大事には至らずに済みます。大切なのは、鉢の周囲や葉裏をよく観察することです。

もし虫の卵やフンなどを発見したら、水で洗い流す、ブラシ

代表的な病気と症状

すす病

春から秋に、アブラムシやカイガラムシの排泄物によって枝葉の表面にすすが付着して、黒く変色してしまう。冬に殺菌防虫剤を散布して予防する。

松柏　雑木　花物　実物

うどん粉病

春先や初秋に、葉や茎に小麦粉のような白い粉状のカビが生える。落葉などの被害があるので、枝葉をすかして通風をよくするか、殺菌剤を使って予防する。

雑木　花物　実物

根頭《こんとう》がんしゅ病

土壌細菌により根にこぶ（腫瘍）ができ、実付き、花付きが悪くなる。バラ科に多い。被害を受けた場所を完全に切り取る。植え替え時に根を殺菌剤に浸して予防する。

バラ科の樹

黒星病

梅雨など雨の季節に、バラ科の木の葉や茎に円形の黒い斑点ができる。斑点が広がると黄色く変色し、落葉する。病巣周辺を刈り込むか、専用殺菌剤で予防する。

バラ科の樹

でこすり落とすなど、最初はできるだけ薬剤を使わない駆除を心がけましょう。

植物は、薬剤を使えば使うほど、害虫や病原菌に対する抵抗力が低下します。逆に害虫や病原菌は薬剤への耐性が高まってしまいます。

薬剤の種類と使う時の注意

薬剤には病気に効く殺菌剤、害虫に効く殺虫剤、病気と害虫両方に効く殺菌殺虫剤があります。植物と病害虫ごとに効果のある薬品は違いますので、盆栽専門店や園芸専門店などで相談して購入することが大切です。

病気や害虫に効くということは、植物だけでなく、人間にも害があるということです。説明書をよく読むことはもちろん、薬剤を使用する際は、マスクやゴム手袋などを装着して、できる限り肌や口を覆うようにしましょう。

病害虫カレンダー

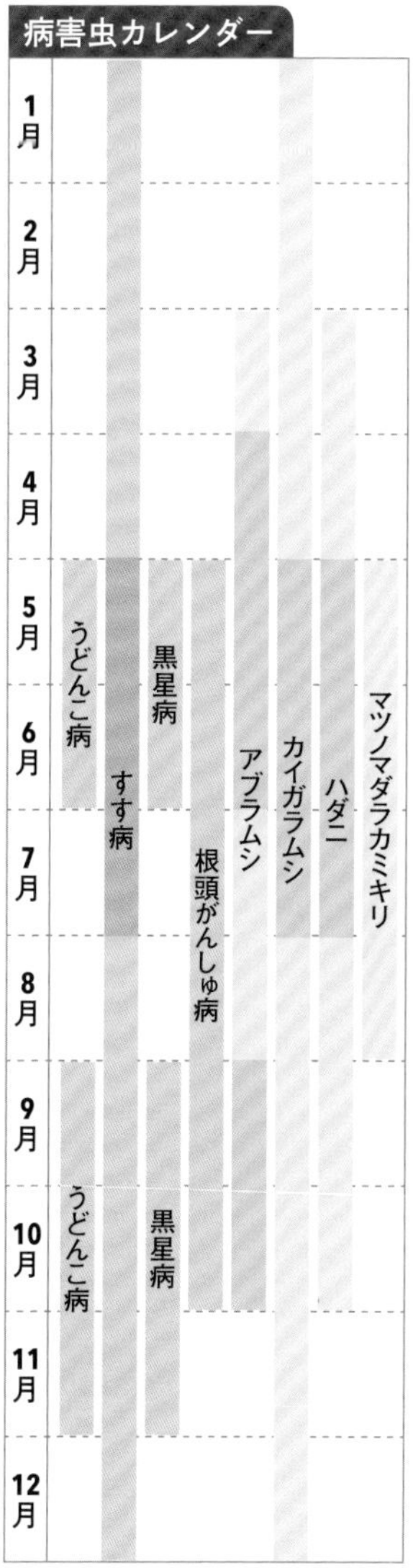

代表的な害虫と症状

アブラムシ

若くて柔らかい枝葉の樹液を吸って枯れさせるだけでなく、排泄物がすす病の原因になる。専用の殺虫剤を新芽の時期を中心に、定期的に散布して予防する。

松柏 雑木 花物 実物

カイガラムシ

カメムシの一種で、樹液を吸って枝や幹を枯れさせるのが特徴。硬い殻に守られているため殺虫剤が効きにくく、歯ブラシなどでこそぎ落とす必要がある。

松柏 雑木 花物 実物

マツノマダラカミキリ

マツノマダラカミキリの体内に寄生するマツノザイセンチュウが、カミキリの食害箇所から松の中に入り、増殖して松枯れ病を引き起こす。カミキリの成虫の発生時期にネットをかけて侵入を防ぐ。

松類

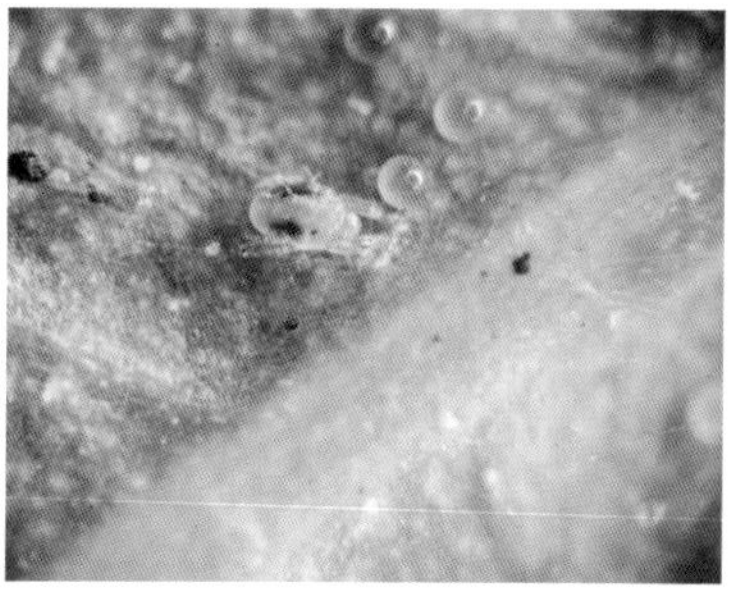

ハダニ

梅雨明けから夏にかけて活発に活動し葉の汁を吸う。葉の色を悪くさせるほか植物を枯らしてしまうこともある。水やりの際に葉水を行い予防する。

松柏 雑木 花物 実物

盆栽の管理

年間スケジュール

盆栽の管理に関する1年間の作業スケジュールをまとめました。季節ごとの作業の目安としてください。細かい作業は、それぞれの樹木の管理スケジュールを確認してください。

1月

作業	中旬	松柏類の整枝
		室入れ（屋内に取り込む）
		実物類の果実を取り除く
		ブラシで幹を磨く
	下旬	針金かけ（室入れ後）
消毒		殺菌殺虫剤で消毒
肥料		施さない

2月

作業	上旬	植え替えの用土作り
		草物類の古葉取り
		残った置き肥を取り除く
		ブラシで幹を磨く
	中旬	ジン・シャリづくり最適
	下旬	梅の植え替え適期
消毒		殺菌殺虫剤で消毒
肥料		施さない

3月

作業	上旬	室出し（芽吹き前に屋外に出す）
	中旬	雑木類の植え替え
	下旬	松柏類の植え替え
消毒		アブラムシなど害虫予防対策
肥料		施さない

4月

作業	上旬	芽摘み（葉が開く前）
	中旬	金豆、梔子植え替え適期
		黒松芽摘み
		交配が必要な木の雄木を用意
	下旬	欅の芽摘み（こまめに行う）
消毒		殺菌剤塗布（月３回以上）
		殺虫剤散布などで害虫駆除
肥料		黒松の施肥開始
		花物、実物は控える（６月まで）

5月

作業	上旬	縮緬葛の植え替え適期
		縮緬葛の剪定適期
	中旬	楓、紅葉の葉刈り
消毒		アブラムシ防除対策
		黒松の葉枯れ病対策
		殺菌剤塗布（月２回以上）
肥料		全体に施肥（花物、実物は除く）

6月

作業	上旬	オオスカシバの幼虫対策
	中旬	黒松の芽切り前に十分肥倍する
	下旬	梔子の交配（花を雨に当てない）
消毒		うどん粉病防除対策
肥料		殺菌剤塗布（月２回以上）
		全体に施肥（花物、実物は除く）

7月

作業	上旬	日除け対策
作業	上旬	長寿梅の葉刈り（小枝を増やす）
作業	上旬	黒松の芽切り（古木）
作業	中旬	黒松の芽切り（若木）
消毒		皐月の蕾を食べる害虫対策（10月まで）
消毒		防除対策（病害虫発生のピーク）
消毒		殺菌剤塗布（月２回以上）
肥料		全体に施肥

8月

作業	上旬	夏季は水切れに注意
作業	中旬	赤松の芽の整理
作業	中旬	梔子の最後の芽摘み
消毒		防除対策（病害虫発生が多い）
消毒		殺菌剤塗布（月２回以上）
肥料		液肥で控えめにする

9月

作業	中旬	松柏類の針金かけ
作業	中旬	杉の最後の芽摘み
作業	下旬	杜松の最後の芽摘み
作業	下旬	梅の植え替え適期
消毒		ダニ類などの害虫予防対策
消毒		殺菌対策（うどん粉病発生期）
消毒		殺菌剤塗布（月２回以上）
肥料		カリ分主体の肥料を多く施す

10月

作業	上旬	長寿梅の植え替え適期
作業	上旬	黒松の芽の整理
作業	中旬	松柏類の整姿開始（適期は春まで）
作業	下旬	古葉や枯れ草の整理
消毒		根頭がんしゅ病の予防対策
消毒		殺菌剤塗布（月２回以上）
肥料		カリ分主体の肥料を多く施す
肥料		紅葉を楽しむ木の肥料は控える

11月

作業	上旬	防鳥ネットなどで実物類の実を保護
作業	中旬	落葉後、幹をブラシを使い水洗い
作業	中旬	雑木類は紅葉を刈って整姿
作業	中旬	黒松の古葉抜き
消毒		線虫の予防対策
肥料		施さない

12月

作業	中旬	黒松の葉すかし
作業	下旬	室入れの準備
消毒		石灰硫黄合剤で消毒
肥料		施さない

盆栽の飾り方

ふと、道端に咲く花に季節の訪れを感じる…そんな経験はないでしょうか。

盆栽飾り「景道《けいどう》」は四季ごとの飾りを通して小さな室内に無限の自然を描く作法です。自分の持つ感性でご友人やお客様に季節のおもてなしをしましょう。

新春の床飾り

枯淡の枝先、花弁の盃いっぱいに差し込む春の光。時を忘れ、馥郁とした香りに酔いしれるのもまた一興です。

春の床飾り

草木萌え出る季節に新芽が開き始めた椛。掛軸の「閑雲」は春の空を漂う雲。自分が小さくなったつもりで樹の下に立てば温かな風が頬をなでていくようです。

夏の床飾り

滝の緩やかなしぶきに百日紅の飄々とした佇まい。傍の石は山奥の洒脱な景色に涼む旅人の面影を宿しています。

秋の床飾り

重く枝をたわめる柿の実、巣篭もりに追われ飛び交う鳥。家屋から上る焚き火の香りを感じるのも乙なものです。

冬の床飾り

欅の枝いっぱいに雪がつもるたび、樹冠は丸みと古さを帯びていきます。山あいの漁村に降り立つ鶴も、ただ一羽で厳寒をしのいでいます。

松柏盆栽

Syouhaku-bonsai

松柏盆栽の 基本作業

葉を調整し 芽数を増やす

松柏盆栽の黒松や赤松は、自然のままの状態では葉が長くなり過ぎてしまいます。年間を通して一連の作業を繰り返すことで、葉の短い、引き締まった姿に仕立て上がります。

4月頃には、一番芽（新芽）を3分の1くらい残して先端を摘み取る**芽摘み**をして、強い芽と弱い芽の長さを揃えます。

6～7月頃には2段階に分けて**芽切り**をします。芽の伸長期間を短縮することで葉の長さを調整します。また、芽切りには芽数を増やす効果もあります。

芽切りは樹木に負担がかかるため、日頃から肥料を与えて、樹勢を整えておく必要があります。樹勢が弱っている年には、芽切りを見送る判断も大切です。

芽摘み（4月～6月）

新芽を3分の1ほど残して指で折り取る。

芽切り（7月～8月）

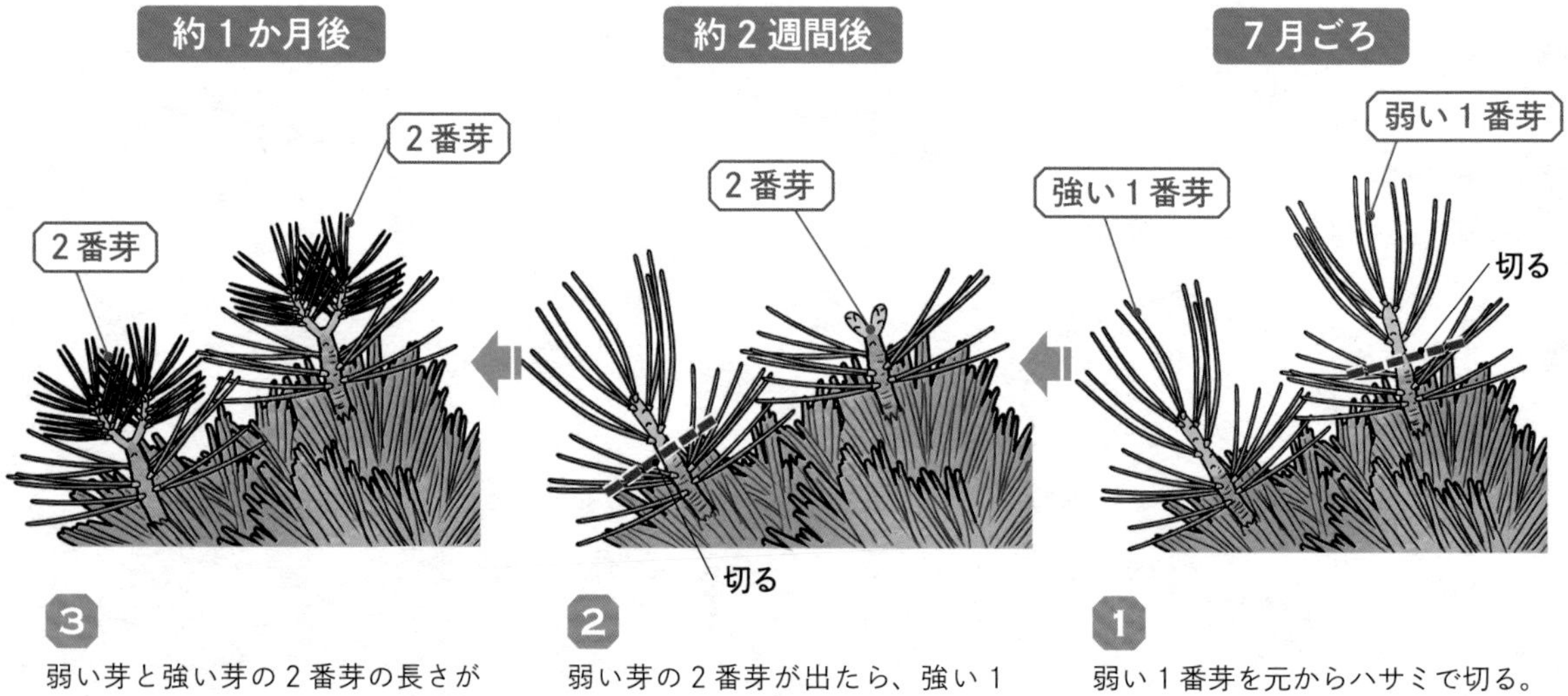

1 弱い1番芽を元からハサミで切る。強い1番芽はそのままにしておく。

2 弱い芽の2番芽が出たら、強い1番芽を元から切る。

3 弱い芽と強い芽の2番芽の長さが揃う。

樹勢を整え葉の量を調整

9～10月に入ると、芽切り跡から新たな芽が出てくるので、**芽かき**をして、全体の樹勢を整える必要があります。3芽以上出たところは元から切り取って、2芽にします。樹勢の強い頭部や枝先は強い芽を切り、弱い芽を残すなどの調整をします。

11月頃には、枯れ葉や前年の古い葉をピンセットなどで抜き取る**古葉抜き**、葉の量を調整する**葉すかし**をして、日当たりや風通しを確保することが大切です。芽が大きく、葉数が多い部分はすべての古葉を取り除き、枝のフトコロなどの弱い部分は、少し残すようにします。その際、下向きの葉を減らすことで、引き締まった樹形に整えることができます。

古葉抜き（11月）

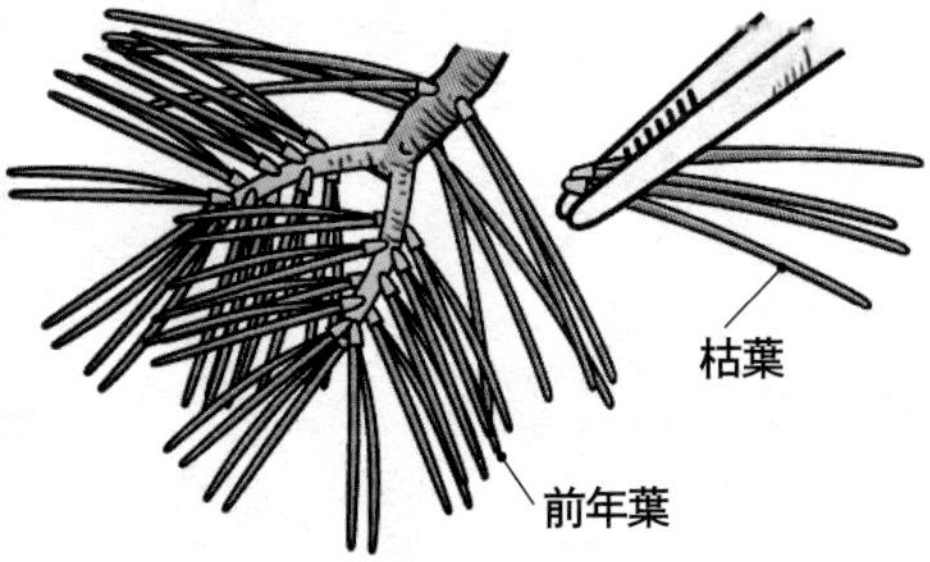

枯葉や前年葉をピンセットで抜き取る。

芽かき（10月）

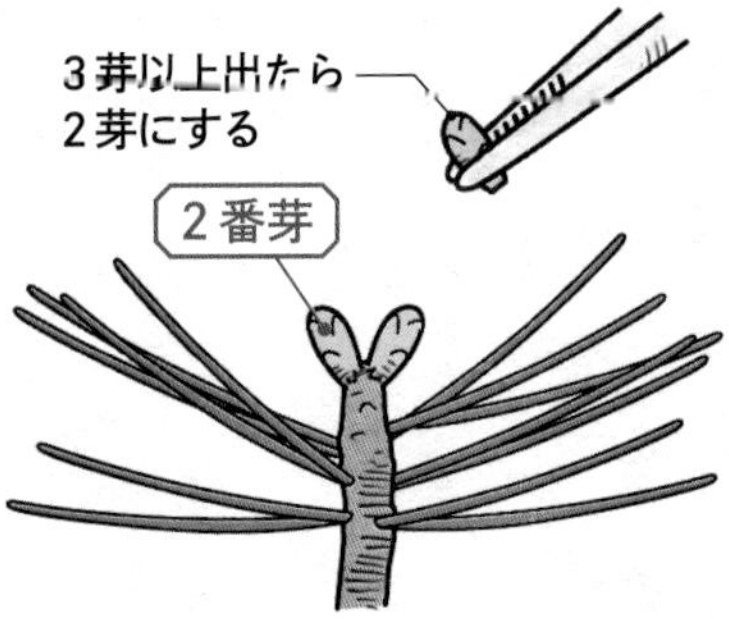

芽切り後の2番芽が多い場合不要な芽をかきとる。

葉すかし（12月）

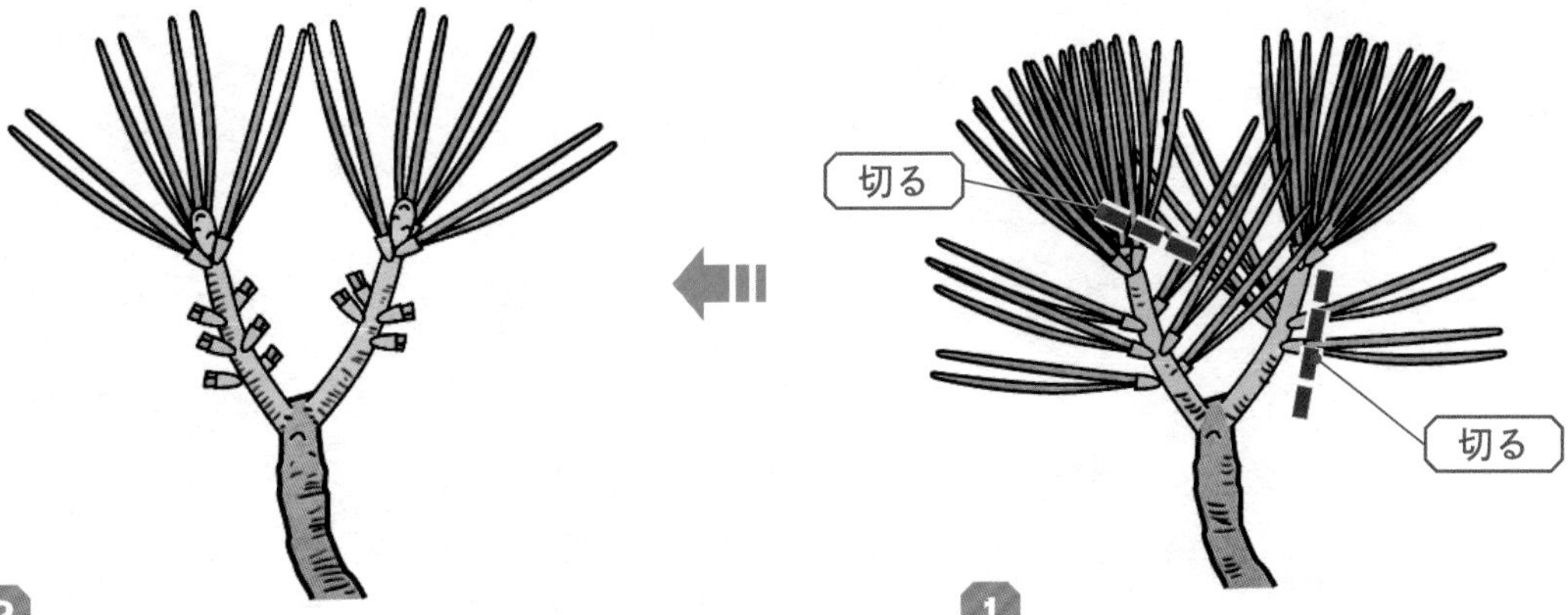

1
葉が混み合っていて日当たり、風通しが悪い。

2
葉すかしで日当たり、風通しがよくなった。

ジン・シャリづくり

ジンとは、枝が枯れた状態に見えること。シャリとは、幹が枯れた状態に見えることを指します。どちらも、枝や幹を削ることによって、自然の厳しさに耐える古木の風情を作り出すテクニックで、真柏や杜松など、松柏盆栽の大きな見どころとなります。

ジンやシャリづくりは、樹木に大きな負担をかけますから、寒さが少し緩んでくる2月下旬から3月上旬が適しています。この時期に作業することによって、負担が抑えられるだけでなく、ダメージを与えた部分の傷の直りも早くなります。

コツさえ理解すれば、初心者でもできますが、3月上旬でも新芽が出始めたら、作業は見送る必要があります。

◈ ジンづくり（2月下旬）

1 幹上部をジンとする。枝葉を落とした後、やっとこで挟んで先端をつぶす。

2 生きている幹や枝の樹皮は剥がしやすい。樹皮をつまみ上から下に引っ張りながら剥ぎ取る。

3 ヤットコで挟みこそげ落とすようにして残った樹皮を剥がす。

4 最後の仕上げとして、金ブラシや紙やすりを使い、枝の表面をこすって、木質部に残った樹皮を取り除き、なめらかに仕上げる。

完成したジン

◈ シャリづくり（2月下旬）

1 上部のジンからの流れを意識してシャリをつくる。幹の樹皮を削るのには三角彫刻刀が便利。

2 全部剥がすと枯れてしまうので、一定量、樹皮を残す。ここでもジンからシャリへの流れを意識する。

3 彫刻刀の刃が入らなような箇所は小刀などを使って剥がすとよい。

完成したジンとシャリ

ジンとシャリの保護

ジンやシャリを作り終えたら、水で薄めた石灰硫黄合剤を筆で塗る。木質部の朽腐を防ぐほか、乾いた後に塗った箇所が真っ白になってジンやシャリが際立つ。

黒松

クロマツ

荒々しく豪快な姿は、圧倒的な存在感を放ちます。黒松の名所は日本各地にあり、古くから信仰の対象にもなってきました。

黒松「武蔵」 新渡長方　83cm

栽培・作業・管理カレンダー

1月	2月	3月	4月	5月	6月	7月	8月	9月	10月	11月	12月
		植え替え		葉すかし							
			芽摘み			芽切り					
	針金かけ			肥料					肥料		

和名	クロマツ
別名	雄松、男松
英名	Japanese black pine
学名	*Pinus thunbergii*
分類	マツ科マツ属
樹形	直幹、双幹、懸崖、斜幹、模様木など

改作の手引　まだ幼い若木の個性を引き出していく

After

Before

針金かけで解決

この枝に個性を与えるため、下に曲げて懸崖に作っていく。➡P64

植え替えで解決

懸崖にするには深さ（高さ）が足りない。深めの正方鉢に変える。➡P65

日本の松を代表する樹です。剛毅とも言える力強い姿は雄松と称され、触れると痛みを感じるほど鋭く硬い針葉をつけます。その名の通り、黒みを帯びた**幹肌**は荒れ、歳月と共に剥がれ落ちます。潮風に耐え強健なことから海岸林に植えられ、長く人々の暮らしを守ってきました。

改作する樹はまだ幼く、判断が難しい部分もありますが、**立ち上がり**の個性がよいので根元に合わせて流れを決め、懸崖に作っていきます。樹皮は剥がれやすいので、過度に幹肌に触れないようにしましょう。

STEP 1 剪定

まずは古葉を抜いていきます。密集した葉が整理され、樹の幹筋も見えてくるので、針金がかけやすくなります。

1 下方に伸びた葉と密に詰まった葉を、葉の伸びる方向に引き抜く。

STEP 2 針金かけ

この樹の骨（幹）を作るために、太い針金を巻いていきます。完成した姿を想定して幹筋を整え、脇枝を調整していきます。

1 両手で幹を下方に曲げる。幹ではなく、針金に指の腹を当てて力を入れる。

2 各枝に針金をかけて曲げていく樹に負担をかけないように、流れをイメージしてから曲げる。

! ポイント

針金は枝に対して45度の角度で沿わせるように巻いていく。

針金かけが完了した状態。幹と脇枝の線をきれいに見せ、空間を意識して全体の姿を整えた。

STEP 3 植え替え

鉢底より下方に枝を伸ばす樹形を作るため、深い正方鉢に植えます。根元から張り出す幹筋と鉢際のバランスを見て配置します。

1 根をほぐして古い土を落とし、決めた角度を保つようにして鉢に入れ、用土を入れていく。

2 竹の割りばしなどで突いて鉢の中の隙間を埋め、用土を全体に均等にならして樹を落ち着かせる。

3 表面にコケを張り、自然の風情を演出する。はさみやピンセットで形を整える。

After

管理のコツ Q&A

Q どこに置けばいい？

A 暖地性の樹木のため日当たりのよい場所がいいでしょう。ただし、半日陰や日陰でも大丈夫。環境に合わせた育ち方をします。

Q 水はどれくらい？

A たいへん水を好む種です。鉢土の表面が乾きかけたら鉢底穴から流れ出すほど、たっぷりと水をあげてください。

Q 肥料はどれくらい？

A 与えなくても生育旺盛。多肥にも強い面がありま す。雨の多い時期は水に溶けた肥料の濃度が高まり腐敗の原因となるので控えます。

Q 植え替えは何年おき？

A 早く育つので若木のうちは2〜3年に1回。古木となったら3〜4年に1回とします。

Q どんな病害虫がつく？

A アブラムシや松枯れ病の予防として、春から秋にかけて3〜4回殺虫剤を散布します。

五葉松　紫泥楕円　80cm

五葉松

ゴヨウマツ

黒松とともに松柏盆栽の代表格で、数々の名木が作られています。短い針葉を密につけ、風格と繊細さをもつ趣のある樹です。

栽培・作業・管理カレンダー

1月	2月	3月	4月	5月	6月	7月	8月	9月	10月	11月	12月
		植え替え		芽切り			古葉切り			葉すかし	
針金かけ										針金かけ	
								肥料			

和名	ゴヨウマツ
別名	姫小松
英名	Japanese white pine
学名	*Pinus parviflora*
分類	マツ科マツ属
樹形	直幹、双幹、模様木、懸崖、文人木など

改作の手引　葉組みを整えて基本形に仕上げる

After

Before

剪定で解決

車枝など不要な枝を整理して、ジンを作って風情を出す。➡P68

植え替えで解決

鉢の中心を外して植え、効果的な空間を作り出す。

➡P69

針金かけで解決

幹筋をきれいに見せて、基本的な形に整える。

➡P68

松柏独特のたくましい風趣を残しながらも、繊細で優美な姿が持ち味です。5枚ずつ束になった短い葉が密に生じ、**直幹**や**模様木**、**文人木**などさまざまな樹形に調和する**葉性**のよさも、広く好まれるゆえんでしょう。

この株は、幹の流れを活かした模様木に仕立てます。車枝などの**忌み枝**や**古葉**に対処しつつ、樹形をイメージして整えていきます。針金をかける際には、ポイントを押さえて無駄のない近道を探し、見た目もきれいに巻くことを心掛け、木への負担を最小限に留めたいものです。

STEP 1 剪定

忌み枝を外し、伸びた古葉や余分な芽を摘み取って、全体を整えます。枝は落とすだけでなく、ジンを作って風情を出します。

1 剪定ばさみで葉のボリュームを切りそろえ、枝についた余分な古葉を切る。

2 幹筋を意識しながら不要な枝を切り、上部の枝も整理してすっきりとした姿にする。

3 不要な枝は短く切るのもよいが、何か所かにジンを作るとアクセントになり厳しさが出る。

STEP 2 針金かけ

幹と枝に針金を巻いて、全体の姿を仕上げます。枝に針金をかける時には、必ずパートナーの枝を見つけるようにします。

1 針金かけは、手だけで巻こうとせず、ポイントとなる部分をしっかり押さえるのがコツ。

2 枝の先端まで針金を沿わせるように巻き終わったら、余った針金をヤットコで切る。

剪定と針金かけが終了。雪の重みなどで枝が下がった様子を表現した。

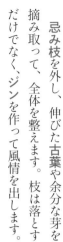

STEP 3

植え替え

オーソドックスな模様木の姿に、植え替えで個性を演出します。線と空間のバランスを見極めて、植え付ける位置を決めます。

1 鉢から静かに抜き出して、固まった古土をレイキなどでほぐしながら落としていく。

2 伸びてからまった長い根を短く切り詰め、強すぎる太い根も切り落とす。

3 細かく砕いた竹炭を用土に混ぜ込むと通気性がよくなり、根腐れの防止に役立つ。

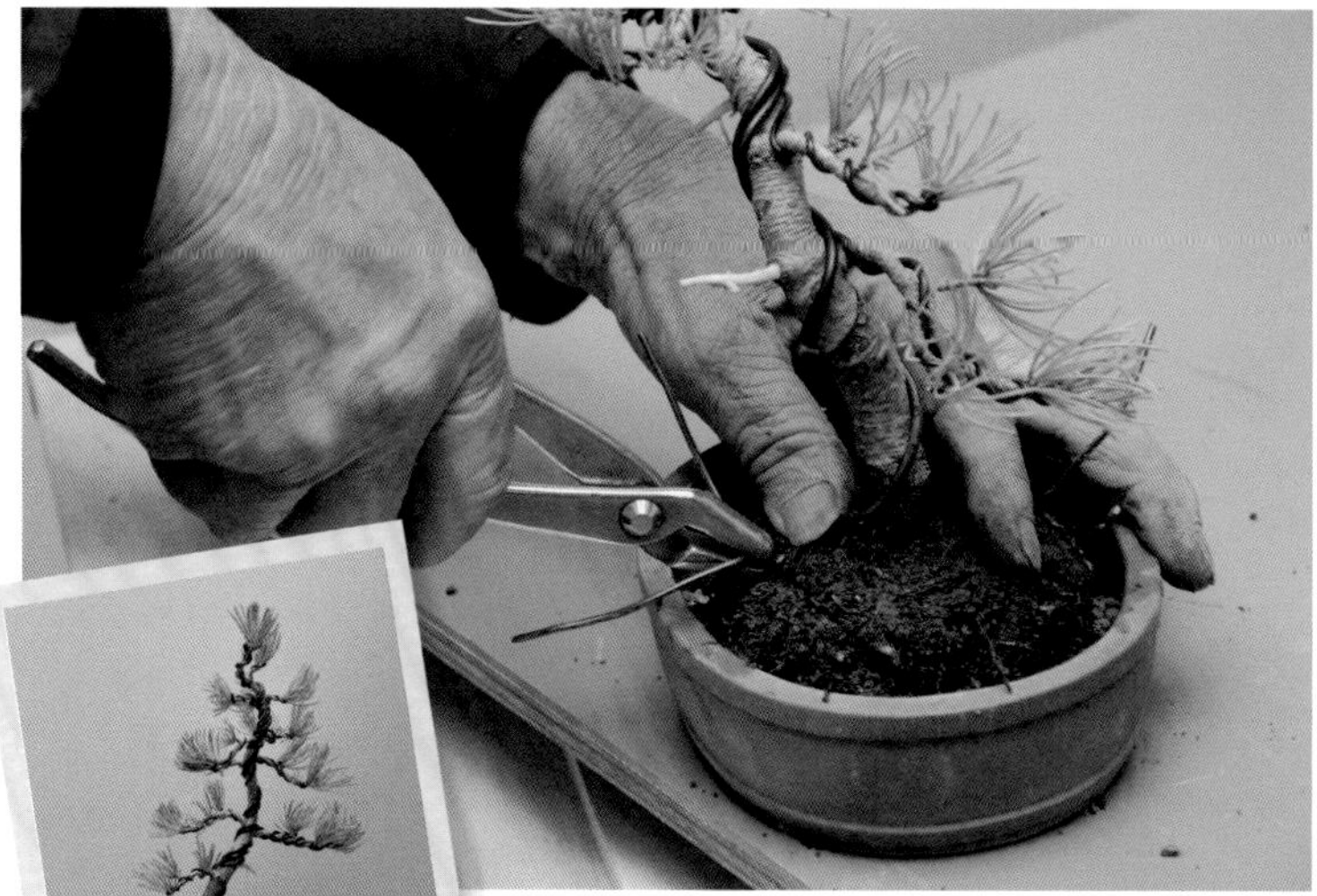

4 鉢の底から通したワイヤーで根を固定し、表面にコケを張る。コケは種類を変えると立体感が出る。

After

管理のコツQ&A

Q どこに置けばいい？

A 葉が密集して生えるので風通しのよい場所に置きましょう。暖地では蒸れやすいので特に注意が必要です。

Q 水はどれくらい？

A 春から秋にかけての芽が出て葉が生育する期間は水を控えめにします。夏の後半を過ぎた頃からは、たっぷりと与えましょう。

Q 肥料はどれくらい？

A 春から夏にかけては不要です。冬越しの力をつけるために9～11月に月1回の割合で与えますが、量は控えめにしましょう。

Q 植え替えは何年おき？

A 根の生長が遅いため根詰まりの心配はいりません。3～5年に1回の割合で大丈夫でしょう。

Q どんな病害虫がつく？

A アブラムシやハダニ、菌が原因の葉ふるい病の心配もあるので、こまめに銅水和剤などの殺菌剤を散布して予防します。

赤松　朱泥外縁下紐輪花式　88cm

赤松

アカマツ

やわらかく繊細な姿で、葉の緑も淡く優しげです。男松と称される男性的な黒松に対し、女松の名でも知られます。

栽培・作業・管理カレンダー

1月	2月	3月	4月	5月	6月	7月	8月	9月	10月	11月	12月
		植え替え								植え替え	
						芽摘み・芽切り			芽かき		
針金かけ										針金かけ	
		肥料							肥料		

和名	アカマツ
別名	雌松、女松
英名	Japanese red pine
学名	*Pinus densiflora*
分類	マツ科マツ属
樹形	直幹、模様木、懸崖、斜幹、文人木など

欠点を補い文人木に仕立てる

After

Before

剪定で解決

伸びて混み合った葉をすっきりと整える。➡P72

植え替えで解決

動きがあるので、おさまりのよい鉢に植える。

➡P73

針金かけで解決

癖の強すぎる幹の曲《きょく》を、逆に活かす形に作り替える。

➡P72

生長とともに樹皮が赤みを帯び、やがて亀甲型に割れて剥がれ落ちます。黒松と同様に日本各地でなじみ深い松ですが、威風堂々とした黒松と違ってしなやかで優美なシルエット、針葉もやわらかいのが特徴です。

しかし、改作する樹は見たところ、赤松の個性どころか全体的に癖が強すぎてよい所がありません。ここではむしろ欠点と言える癖を逆手にとって、赤松に似合う動きのある文人木に仕立ててみます。ポイントとなる**引き根**と幹の強い曲が活きる向きが**正面**になります。

STEP 1 剪定

不揃いに伸びた長い葉を整理し、形をきれいに整えます。幹中間の強い曲《きょく》を活かすことを考え、不要な枝も切り詰めます。

！ポイント

最大の難物である曲をアクセントに変える。

1 **忌み枝**を落とし、バランスを見ながらさらに不要な枝を切り詰めていく。

2 ただ切るのではなく、いくつかの**ジン**を作ると樹に風情を加えることができる。

剪定が完了した状態。
枝葉を大胆に切り詰めることで、
ぼんやりとした上部がすっきりした。

STEP 2 針金かけ

しっかりと枝を曲げるために太めの銅線を使います。さらに細いアルミ線を巻きます。アルミ線だけを使用してもかまいません。

匠の技！ Takumi no waza

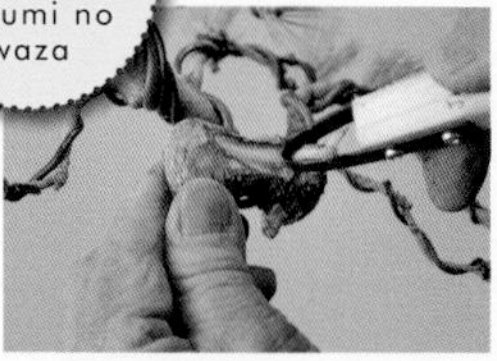

皮を剥いだ箇所近くの枝をジンに仕立て、さらに厳しさを表現。

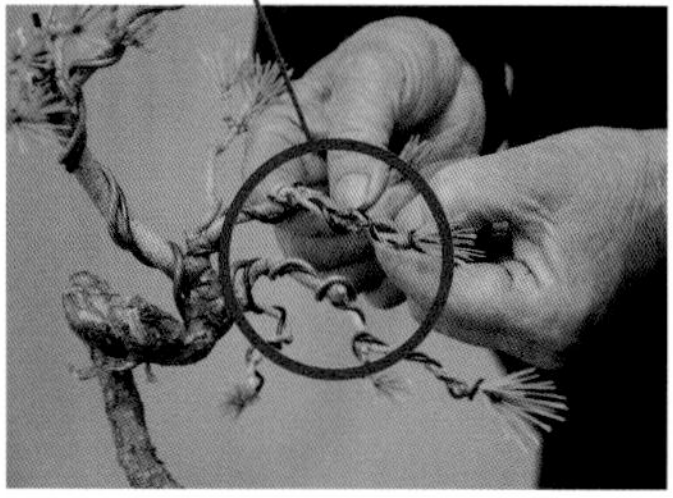

1 この樹のポイントとなる曲の皮を部分的に剥ぎ取り、樹に試練を与える。

上向きの枝に変化をつけることで表情が出て、曲がよいアクセントになった。

STEP 3

植え替え

この樹のもうひとつのポイントとなるのが引き根です。この引き根をよく見せるために、浅い鉢を選び植えつけます。さらに、やや前かがみに植えてコケを張りつけ、立体感を演出します。

風情のある文人木が完成。

3 根留めが見えないように土を盛り、さらにコケを張る。

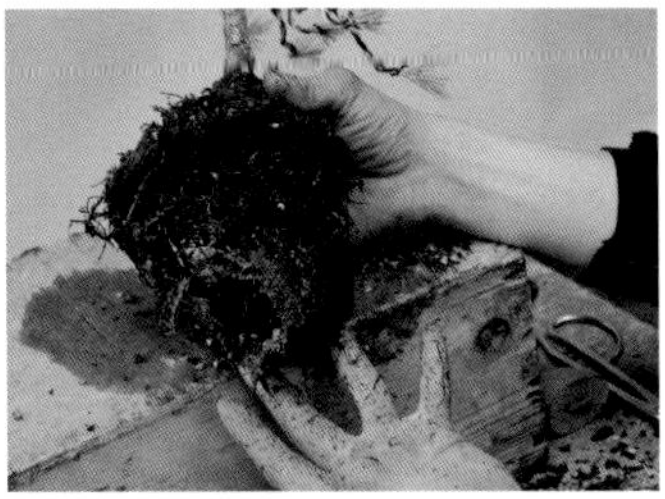

1 古土を落とし、上根を掻き取ってよくほぐす。長く強い根があれば切り詰める。

2 浅い鉢に植えるので、鉢底から針金でしっかり根を留め、動かないように支えを打ち込む。

管理のコツQ&A

Q どこに置けばいい？

A 日当たり、風通しのよい場所が理想ですが、半日陰でも育てられます。

Q 水はどれくらい？

A 生長を促したい場合は多めに、ゆっくりと育てたい場合は控えめに与えます。比較的、乾燥には強い性質の樹です。

Q 肥料はどれくらい？

A 枝数が多い場合は、維持するためにある程度の量が必要になりますが、生長が早いので肥料は少ないほうがいいでしょう。

Q 植え替えは何年おき？

A 黒松より早く育つので早めの植え替えを心がけます。若木は1～2年、古木は3年に1回を目安に植え替えましょう。

Q どんな病害虫がつく？

A 松枯れ病を起こすカミキリムシとセンチュウに注意します。春から秋に3～4回、カミキリムシ用殺虫剤を散布するか、センチュウ対策に樹幹注入剤で予防します。

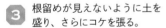

一位

イチイ

木質は緻密で堅固、赤褐色の幹肌と密な枝打ちをもつ樹です。生長するほどに、独特の気品と風格が感じられます。

一位　行山長方　75cm

栽培・作業・管理カレンダー

1月	2月	3月	4月	5月	6月	7月	8月	9月	10月	11月	12月
			植え替え		芽摘み						
	針金かけ									針金かけ	
				肥料					肥料		

和名	イチイ
別名	オンコ、アララギ、水松
英名	Japanese yew
学名	*Taxus cuspidata*
分類	イチイ科イチイ属
樹形	直幹、双幹、模様木など

改作の手引

立ち上がりのよさを活かした樹形を作る

全国に広く自生し、庭木としても好まれます。赤褐色の幹肌は美しくなめらかで、非常に固いことから仏像などの彫刻や細工物、和家具などに利用されています。和名は、平安時代にこの材を使って笏《しゃく》を作り、位階の正一位を授けられたことに因んで一位《イチイ》と名付けられたと言われています。

改作する樹は、手入れされていないので樹形も定まっていませんが、立ち上がりがよく個性があるので、この線を活かします。また、枝の密なつき方と緑濃い葉の美しさもこの樹種の持ち味ですが、枝数が多すぎます。**枝順**を考えて、不要なものを整理して長さも調整し、すっきりさせます。

Before

剪定で解決
不要な枝葉を切り、持ち味の**幹筋**をしっかり見せる。➡P76

植え替えで解決
浅い鉢に、樹の流れを意識して左寄りに植え、空間を作る。➡P77

針金かけで解決
揃って上方に向かって伸びる枝を調整して、横に広がりを見せる。➡P76

After

STEP 1 剪定

伸びて密生した枝葉を整理して幹筋を見せます。根も固く詰まっていたので、地上部とのバランスを見ながら根を切ります。

1 剪定ばさみで不要な枝を切り落とし、密についた葉も摘み取って整える。

2 太い枝は又枝切りや根切りばさみで切る。短く切った部分をつぶして皮を剥ぎ、ジンを作る。

STEP 2 針金かけ

葉が密に繁る枝棚を想定して、針金かけで枝を横に広げて形作ります。なお、一位はほかの種より形を固定するのに時間がかかります。

1 今回は幹には針金をかけない。枝への針金かけでは、必ず対となる枝を探して針金をかける。

2 葉が密についているので、なるべく巻き込まないように針金を巻いていく。

針金かけ終了。無駄のない針金かけは、見た目も美しく、樹木への負担も少ない。

STEP 4 植え替え

鉢に入れてみて、根のボリュームを整えます。やや左側に寄せることで、**立ち上がり**と横に張る枝との間に空間が生まれます。

1 根を整えて水洗いしたら鉢に入れ、底から通した針金でしっかり固定する。

2 針金が表面に出ないように土を盛り、竹の割りばしや竹串などで突いて隙間を埋める。

3 風情を出すと同時に根を保護する目的も兼ねて、細かくふるったミズゴケを表面に敷く。

After

管理のコツ Q&A

Q どこに置けばいい？

A 乾燥に弱いので日当たりのよい場所は避け、日陰、あるいは**半日陰**となる場所に置きましょう。そのほうが生育もよく、きれいに育ちます。

Q 水はどれくらい？

A 「水松《みずまつ》」の別名をもつほど水を好みます。日陰で育てていてもたっぷりと与えましょう。水切れに弱いので乾燥には注意します。

Q 肥料はどれくらい？

A 常緑の葉を維持するために、肥料は多めに与えます。葉の生育期間である春と、冬を迎える前の秋に月1回、**置き肥**をしましょう。

Q 植え替えは何年おき？

A 2年に1回の割合で植え替えをします。春先、芽吹き前のタイミングで行うと、樹木への負担が少なくて済みます。

Q どんな病害虫がつく？

A 病気、害虫に対しては強い木ですが、カイガラムシには注意が必要です。

杜松

トショウ

硬くとがった針葉が、色濃く美しい葉組みを作り出します。芽吹きも旺盛で、比較的短期間で枝を仕上げることができます。

杜松「聖山」古渡烏泥長方　42cm

栽培・作業・管理カレンダー

作業	1月	2月	3月	4月	5月	6月	7月	8月	9月	10月	11月	12月
芽摘み					●		●		●			
植え替え				●	●							
針金かけ				●	●	●	●	●	●	●		
肥料				●	●	●			●	●	●	

和名	ネズミサシ
別名	ネズ、ハイネズなど
英名	Needle juniper
学名	*Juniperus rigida*
分類	ヒノキ科ビャクシン属（ネズミサシ属）
樹形	直幹、模様木、懸崖、石付きなど

改作の手引

懸崖仕立てで葉組みと樹形を作る

After

Before

針金かけで解決

幹を大きく下方に矯正して懸崖に仕立てることで味を出す。➡P80

植え替えで解決

樹形とのバランスを整えるため、高さのある鉢を合わせる。➡P81

ビャクシン属の樹木の総称で、盆栽界では杜松と呼ばれます。「鼠刺し」の名がつくほど鋭い針葉は、実際にネズミ除けに使われたほどです。褐色の樹皮は、歳月が経つにつれて縦に裂け、剥がれる性質があります。生長が早く、春から秋まで盛んに新芽を吹きます。

杜松は様々な樹形に仕立てられますが、この樹は風情のある懸崖にします。**芽摘み**を繰り返せば、早めに姿を仕上げることも可能です。**ジン**や**シャリ**を作って、個性豊かな姿に仕上げていきましょう。

STEP 1 針金かけ

全体を懸崖の形に大きく動かします。大きく曲げるときは樹を傷つけないように、紙テープでくるんだ太い針金を使用します。今回は先に根の詰まり具合を確認してから針金をかけました。

1 下方に曲げる幹に根元から太い針金を、その後、**枝棚**を作るために細い針金を巻いていく。

2 針金を巻き終えたところで、針金と幹に親指の腹を当て、様子を見ながら懸崖の形に曲げる。

3 短く切った枝の先をつぶして皮を剥いで**ジン**を作り、樹に風情を加える。

STEP 2 剪定

密生して伸びた枝葉を整理します。どの枝を活かして懸崖を作るかを考え、流す方向に逆らわない枝を探すとうまくいきます。

1 懸崖の幹の流れ（写真では左方向）と逆向きの枝は、バランスを見極めながら切る。

2 密生した葉を取り除く。はさみでは対処しにくい場所の葉はピンセットを使うとよい。

3 針金をかけながら、不要な芽などに気がついたら切って整える。

STEP 3
植え替え

深い鉢に植え替えます。鉢際から下がる枝の線、**樹冠**とのバランスをよく見て姿を整え、表面にコケを張って臨場感を出します。

After

3 表面にコケを張って完成。**根張り**の見え方に注意して少しずつコケを張りつける。

匠の技！ Takumi no waza
幹や枝に指を当て、針金の当たっている部分を曲げると折れにくい。

1 用土を入れた鉢に植え込み、竹の割りばしなどで突いて隙間を埋めて安定させる。

2 さらに角度を調整する。1年ほどで形が固まるので、くい込まないうちに針金を外す。

管理のコツQ&A

Q どこに置けばいい？
A 日当たり、風通しのよい場所に置きます。暑さに強く寒さに弱いため、冬は風に当てないようにしましょう。

Q 水はどれくらい？
A 水を好むので、鉢土の表面が乾いたら鉢底穴から流れ出すまで、たっぷりと水を与えてください。夏は水切れを起こさないよう注意。

Q 肥料はどれくらい？
A 4月から秋にかけての生育期間は芽摘みを繰り返すので、木が弱らないように月1回の割合で置き肥して下さい。夏は肥料を控えます。

Q 植え替えは何年おき？
A 3～4年に1回の割合で植え替えします。適期は少し暖かくなってきた4～5月。根の剪定は控えめにし、根鉢の土も多めに残します。

Q どんな病害虫がつく？
A 乾燥するとアカダニが発生します。予防には葉水が効果的ですが、発生したら殺虫剤を散布します。

檜

ヒノキ

檜は日本固有の常緑高木で古くから高級な建築材として知られます。小ぶりの鱗片葉が密につき、清楚で味わいのある姿が持ち味です。

檜　海鼠額入外縁楕円　40cm

栽培・作業・管理カレンダー

	1月	2月	3月	4月	5月	6月	7月	8月	9月	10月	11月	12月
植え替え		●	●	●	●							
芽摘み					●	●	●	●	●	●		
針金かけ	●	●	●	●								●
肥料				●	●	●			●	●		

和名	ヒノキ
別名	ホンヒ
英名	Japanese cypress
学名	*Chamaecyparis*
分類	ヒノキ科ヒノキ属
樹形	直幹、斜幹、双幹、寄せ植えなど

改作の手引　葉すかしで日光と風を通し、幹筋を見せる

檜は法隆寺の柱にも使われるなど、古くから日本人にとってなじみ深い高木です。樹皮は生長するに従って赤褐色を帯び、縦に長く裂けるようになり、深緑色で平たい鱗状の葉が、密に枝につきます。改作したのは、盆栽に向く檜の変種石化檜。鱗片状の小さな硬い葉が密につき、趣のある姿になります。

檜は生来、まっすぐに伸びて大木に育つ樹です。この樹は「檜らしさ」を表現する**直幹**に仕立てます。こんもりと繁る樹形を楽しむのは園芸。盆栽ではさらに厳しさと古木感を出します。生長力が旺盛で、盛んに芽を吹くので、新芽を摘んで調整するなど、まめに手を入れたいものです。

Before

剪定で解決

葉すかしで幹筋を見せ、自然な感じで古木感を出す。➡P84

植え替えで解決

合わせる鉢を考慮し、植え方で余白の美を出し品格を出す。➡P85

After

STEP 1 剪定

背景が透けるくらい不要な枝葉を落として樹形を整え、幹筋を見せます。内側に日光と風が通り、新陳代謝を促すこともできます。

1 新芽をつまんではさみで落としていき、自然な感じに樹冠を形作る。

2 不要な枝を整理する。葉を切る時には下に葉を残さないと、枝がだめになることがある。

3 下の枝にジンを作って、自然に朽ちていく様子を表す。

下の枝を落としたことで
高さを感じる仕上がりに。
大量に枝葉を落としたことで
幹肌も見えるようになり古色感も出た。

STEP 2 植え替え

あえて奥行のない短冊形の鉢に植え替えて、大木感と品位を出します。配置も工夫し、表面にコケを張りつけます。

1 鉢の中央ではなく、やや左寄りに植えつけて右側に余白の美を作り出す。

2 表面に少しずつコケを張りつける。平面的にならないようにコケの種類や張り方を工夫する。

3 根元には自然な光を感じる明るい色味のコケを、ピンセットで丁寧に張りつけていく。

匠の技！ Takumi no waza

コケの張り方ひとつで鉢に表情が加わり、樹の育ってきた年月を表現できる。

4 幹筋を確認して整える。

After

檜らしいまっすぐに伸びた直幹仕立てが完成。あえて小さい鉢に植えたことで大木感も出た。

管理のコツ Q&A

Q どこに置けばいい？

A 日当たり、風通しのよい場所に置きます。夏の強い西日は葉を傷めることがあるので、よしずなどで遮光しましょう。

Q 水はどれくらい？

A 水を好むので、鉢土の表面が乾いたら、鉢底穴から流れ出すほどたっぷりと水を与えるようにします。

Q 肥料はどれくらい？

A 4〜10月にかけて固形肥料を与えます。ただし、夏は肥料を与えるのを控えましょう。

Q 植え替えは何年おき？

A 若木は2年に1回、古木は3年に1回の割合で行います。2〜5月にかけての時期に植え替えましょう。

Q どんな病害虫がつく？

A ハダニやカミキリムシの幼虫に注意。ハダニの予防には葉水が効果的です。カミキリムシの一番の対策は産卵を防ぐことです。成虫の発生時期にネットをかけて守ります。

杉　行山外縁段足楕円　90cm

杉

スギ

天に向かってまっすぐに伸びる、日本固有種の高木です。樹齢が非常に長く、全国に荘厳な姿の巨木が数多く見られます。

栽培・作業・管理カレンダー

1月	2月	3月	4月	5月	6月	7月	8月	9月	10月	11月	12月
	植え替え				芽摘み					葉すかし	
針金かけ											針金かけ
				肥料					肥料		

和名	スギ
別名	進木、直木
英名	Japanese cedar
学名	*Cryptomeria japonica*
分類	ヒノキ科スギ属
樹形	直幹、双幹、株立ちなど

改作の手引　まっすぐに伸びる杉らしさを引き出す

After

Before

針金かけで解決

曲がった**根張り**を矯正して、ゆがんだ**幹筋**を戻す。➡P88

植え替えで解決

浅い短冊形の鉢に植えて空間を活かし、臨場感を出す。➡P89

杉は古くから日本各地で植林もされ、建築材などに利用されてきたなじみ深い樹です。まっすぐに伸びる性質に因む「直《す》ぐ木《き》」が名前の語源とも言われています。赤褐色の樹皮は生長すると縦に細長く裂け、短く緻密につく**葉組み**が美しい樹形を作ります。

改作する樹は根元から曲がっているので、幹全体に針金をかけてまっすぐに矯正します。また、枝葉も多く不揃いに伸びているため調整しました。まだ幼い樹は、将来の姿を見据えて丁寧に作っていく姿勢が大切です。

STEP 1 剪定

枝葉が伸びて幹筋も見えないので、基本の枝を残して整理します。いちばんまっすぐ見える場所を正面にし、枝順を決めます。

1 枝順を確認したら、忌み枝を落として段差をつける。刈りこんでいくと、小さくまとまってくる。

2 不要な枝葉を抜き取っていくと、次第に幹筋がはっきりしてくる。

! ポイント

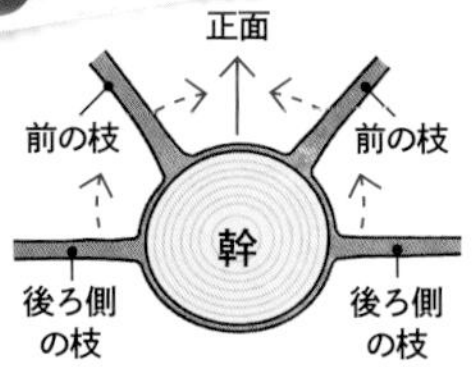

車枝の後ろ側の枝を残すと奥行きが出る。前側の枝は太ると枝の位置が前に寄ってバランスが崩れてしまうので、今のうちに外しておく。後ろ側の枝は太るとちょうどよい位置に来る。

STEP 2 針金かけ

根元から針金をかけて幹全体を矯正した後、一の枝から順に針金を巻きます。この樹の原型を作る作業なので丁寧に行います。

幹筋がはっきりして樹冠が尖り、素直に上に伸びていく姿となった。

1 枝の太さに合わせて針金の太さを決め、近くにある枝とつなぐように針金をかける。

2 残しておいた枝を針金をかけながら整えていく。

STEP 3 植え替え

短冊形の浅い鉢に植えて、趣を出します。この樹は強い根が1本あって傾いているので、植え替え前に根を整理しておきます。

1 樹が動かないように、鉢底にセットした針金で根を固定する。

2 数種のコケと富士砂を用いて表面に変化をつけることで、自然の臨場感を出す。

ポイント

表面にコケや砂などを敷いたら、剥がれ落ちないように平らにならし、落ちつかせる。

After

浅い短冊形の鉢に中心をずらして植え替えたことで余白の美が生じた。

管理のコツ Q&A

Q どこに置けばいい？

A 日陰でも耐えられますが、日当たり、風通しのよい場所に置いた方が丈夫に育ちます。夏場は直射日光や西日を避け、冬は霜に当たらないよう軒下などに移動させます。

Q 水はどれくらい？

A 夏場および、冬の乾燥時の水切れに注意します。

Q 肥料はどれくらい？

A 肥料を好みますが、与えすぎると枝葉が徒長し、樹形が乱れます。生育期間と冬越し前の期間に、月1回固形肥料を置き肥します。

Q 植え替えは何年おき？

A 2～3年に1回の割合で植え替えます。太い根を切って浅い鉢に植えつけると、根が八方に広がります。

Q どんな病害虫がつく？

A ハダニやカビが原因の「赤枯病」で枝葉が茶色くなるのを防ぐために、一年を通して定期的に殺菌殺虫剤をかけます。ハダニには薬水も有効です。

真柏

シンパク

真柏の魅力は、自然界に生きる厳しさを体現する幹芸《みきげい》です。
水吸いとシャリ、生と死の表裏一体が織りなす姿を堪能できる樹です。

真柏　古渡烏泥長方　104cm

栽培・作業・管理カレンダー

1月	2月	3月	4月	5月	6月	7月	8月	9月	10月	11月	12月
植え替え	植え替え										植え替え
針金かけ	針金かけ			芽摘み	芽摘み	芽摘み	芽摘み	芽摘み	芽摘み		針金かけ
				肥料	肥料			肥料	肥料		

和名	ミヤマビャクシン
別名	槇柏
英名	Sargent juniper
学名	*Juniperus chinensis Var.sargentii*
分類	ヒノキ科ビャクシン属
樹形	模様木、曲幹、斜幹、懸崖

改作の手引

生と死の尊厳をジンとシャリで再現

After

Before

剪定で解決

枝葉が伸びて樹形が崩れているので、整理して**幹筋**を見せる。➡P92

針金かけで解決

針金をかけて**枝棚**を作り、樹形を整える。➡P93

正式名はミヤマビャクシンと言い、盆栽界では真柏と呼びます。山地に自生し、過酷な環境に耐えてねじれ、枯れて白骨化したジンとシャリを刻んだ**幹肌**は、樹木のなかでも「厳しさ」と「命の尊厳」をひときわ感じさせます。短く詰まった紐葉《ひもば》も、独特の趣があります。

荒い作業にも耐える生命力の強い樹なので、ジンとシャリを作り野生の姿を再現します。茶色の樹皮とのコントラストを意識しつつ、植え替えの際には角度をつけ、たくましく生きる歳月を表現します。

STEP 1 剪定

枝葉が伸び放題の状態なので、不要な葉を大胆に切り詰めて整えます。それによって幹筋が見え、針金がかけやすくなります。

1 いろいろな方向から樹の状態を確かめたら、不要な枝を下から落としていく。

2 混み合った小枝や古い葉、伸びて樹形を崩す新芽を摘み取って整える。

STEP 2 ジン作り

真柏は木質が硬く腐りにくいうえに、独特の幹模様を描く性質があります。ジンやシャリを作り、見応えのある姿に仕立てます。

1 不要な枝葉を落とし、幹上部をジンとする。最初にヤットコで枝を挟んでつぶす。

2 樹皮をつかみ、上から下に引っ張るようにして剥がし取る。

枝葉を大胆に落として幹筋を見せ、上部の樹皮を剥がして白い木質部を露出させた。

STEP 3
針金かけ

枝葉のおおよその整理ができたら、改めて全体を見直し、主な枝と細い枝1本ずつに針金をかけて枝棚を作っていきます。

1 上向きの状態の**一の枝**を、平らな枝棚となるように角度を調整しながら、針金を巻いていく。

2 枝に針金をかける際は、近くにある同じくらいの太さの枝と対となるように針金をかける。

上に伸びるジン（天ジン）とシャリを作った状態。自然界の風雨に耐えてきた歳月を表し、樹に風格を与えた。

3 樹皮をきれいに剥ぎ取ったら、ブラシややすりをかけてなめらかに整える。

!ポイント

シャリを作る際、全体が枯れないように**水吸い**（生きている部分）を残しておく。

4 幹の樹皮を削りシャリを作る。上部のジンとの流れを美しく見せる位置を意識する。

STEP 4 植え替え

鉢から**根鉢**を出して固まった土と根をよくほぐし、伸びすぎた根などを整理します。鉢に植えつけ、コケを表面に張ります。

1 植えつける角度を倒しぎみにして、鉢底から出した根留めの針金にしっかり固定する。

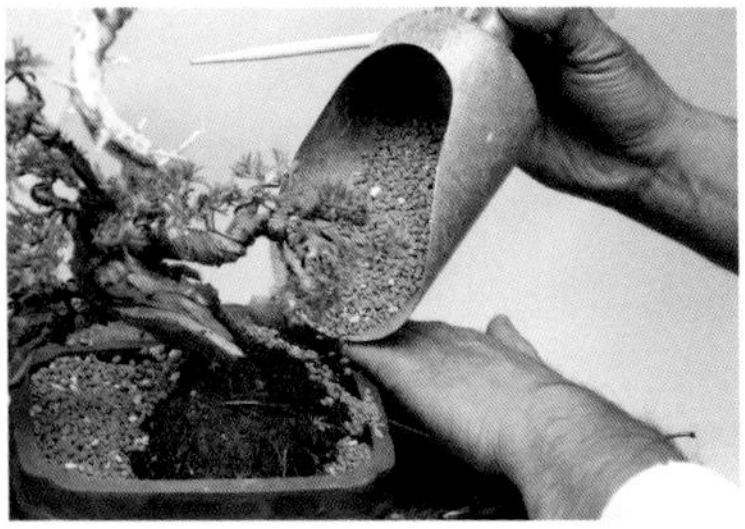

2 根と針金が見えないように用土を入れ、竹の割りばしなどで突いて隙間を埋め、落ち着かせる。

3 立ち上がりの様子を見て**シャリ**の形を整え、コケを張りつける。

4 コケは少しずつ張り、ところどころに土の面を残すなど表情をつけて演出する。

After

管理のコツQ&A

Q どこに置けばいい？

A 日当たり、風通しのよい場所に置きます。**半日陰**や日陰となる場所でも育てられます。

Q 水はどれくらい？

A 水やりのしかたで生長速度が変わります。早く育てたい場合は多めに与え、ゆっくりと育てたい場合は控えめにします。多少の乾燥には耐えます。

Q 肥料はどれくらい？

A 根の生育が旺盛で、肥料が多いと2〜3年で根詰まりを起こすほど生長する種です。与える量を適宜調整してください。

Q 植え替えは何年おき？

A 根詰まりすると生長が止まってしまいます。水が鉢土にすっと染み込まなくなったら植え替えのサインです。

Q どんな病害虫がつく？

A アブラムシ、ハダニ対策として、春から秋にかけて、殺虫殺菌処理を3〜4回行います。ハダニには**葉水**も効果的です。

雑木盆栽

Zouki-bonsai

雑木盆栽の基本作業

繊細な枝先を作る

春に新芽が伸び始めたら、葉を1～2枚残して先端を指先で摘み取る**芽摘み**をします。これは節間が詰まった繊細な枝先を作るための大切な作業です。新芽が出たら、そのたびに芽摘みをして、脇枝の伸長を促します。

芽摘みを繰り返すことで葉の大きさを揃え、初夏に葉が固まってきたら、**葉刈り**をします。葉を10分の1程度残して切り取り、二番芽を吹かせることで、細かく節間の詰まった小枝を作ります。

葉刈りから1か月ほどすると、枝葉が混み入ってくるため、大きな枝葉を間引いて**葉すかし**をすることで、日照と通風を確保します。

また、勢いの強い**徒長枝**《とちょうし》が伸びて樹形を乱すようなら、輪郭線まで切り戻す必要があります。

◆芽摘み（4～5月）

伸び出した新芽を根元の葉を1～2枚残して摘み取る。

◆葉すかし（7～8月）

1 葉刈り後1か月。徒長枝が伸びて樹形を乱すようになる。

2 徒長枝を切り戻し、大きな葉を元から切り取る葉すかしを行う。

◆葉刈り（5～6月）

1 葉刈り前。最初に理想の樹形から飛び出した枝葉を取り除く。

2 葉を1枚1枚、10分の1ほど残して切り取る。

3 葉刈り後。葉刈りにより二番芽を芽吹かせ、細い小枝を作り出すことができる。

落葉後の樹形作り

秋から冬にかけての落葉中は、枝ぶりが見やすい状態なので、輪郭線に沿って細かい枝を1本ずつ切り戻すことで、手軽に樹形を整えることができます。

ケヤキやモミジ、カエデなどの落葉樹は、落葉後に樹液を蓄えて越冬に備えます。紅葉を長く楽しみたくて自然落葉させた場合、剪定は控えた方がよいでしょう。切り口から樹液が流れ出て止まらず、枯れることもあります。

冬の間に樹形を作るような強剪定をしたいのであれば、自然に落葉する前に**古葉取り**をして葉を取り除くか、2月下旬から3月に剪定するようにします。

ケヤキなどは、冬枯れした寒樹姿（→P98）も魅力のひとつです。細かな枝ぶりや幹肌を鑑賞するのも一興です。

落葉後の管理・自然落葉の場合

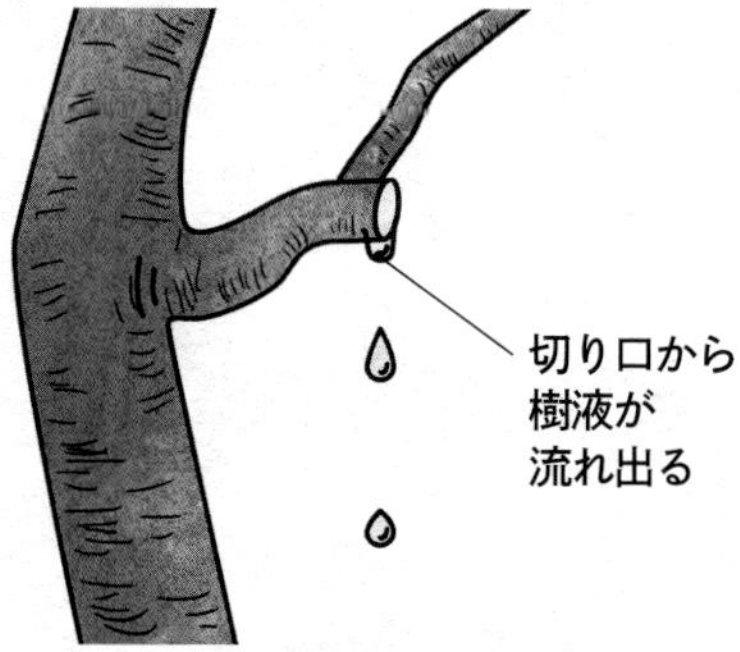
切り口から
樹液が
流れ出る

自然落葉後、剪定をすると、切り口から樹液が流れ出て止まらないので剪定しない。

紅葉を長く鑑賞しようとすると、結果的に自然落葉となる。

落葉後の管理・古葉取りをした場合

切り口から
樹液が
流れ出ない

古葉取りをした樹は、冬場の剪定にも耐えられる。

冬に強剪定をするのであれば、11月下旬に古葉取りを行い、葉を全て取りのぞく。

欅

ケヤキ

天に向かって樹冠を広げ、雄々しく直立する大木です。
四季と共に移り変わる姿が、人々の目を楽しませます。

欅　均釉長方　45cm

栽培・作業・管理カレンダー

1月	2月	3月	4月	5月	6月	7月	8月	9月	10月	11月	12月
		植え替え			葉刈り				葉すかし		
針金かけ			芽摘み・剪定								針金かけ
							肥料				

和名	ケヤキ
別名	ツキ
英名	Japanese zelkova
学名	*Zelkova serrata*
分類	ニレ科ケヤキ属
樹形	直幹、箒立ち、株立ち、寄せ植えなど

改作の手引

箒立ちで欅らしさを素直に表現

After

Before

剪定で解決

不規則に伸びた枝を整えてやわらかい樹形に。➡P100

植え替えで解決

直立して安定した姿を意識した植え方にする。➡P100

針金かけで解決

欅らしい上向きの箒立ちに形を仕上げる。➡P101

日本各地で街路樹等に植えられる落葉高木です。灰褐色の樹皮はなめらかで、古木になると不規則に剥がれます。春の芽吹きから秋の紅葉、冬に落葉した後の繊細な枝ぶりと、季節ごとに違う姿を見せてくれるので、一年中見飽きることがありません。

この樹は、欅の自然樹形である、幹が根元からまっすぐ立ち上がり、途中から枝を広げて樹冠が半球状になる箒立ちにします。針金で枝の角度を上に向けて調整し、大木の趣を見せるように仕上げていくことにします。

STEP 1 剪定

鉢から取り出し、全体をよく見て不要な枝を切って樹形を整えます。また、強い根などを整理して、植え替えに備えます。

1 二股になっている太い枝は、現状では残していてもよいが、将来を見据えて片方を切る。

2 **根鉢**をほぐして古土を落とし、真下に伸びる太い根やバランスを崩す強い根を根元から切る。

匠の技！ Takumi no waza

欅は芽摘みをまめに繰り返すと、枝がほぐれ繊細な姿になる。

3 不要な小枝も切り、全体をきれいに整える。雑木類はやわらかく仕上げるのがよい。

STEP 2 植え替え

根を整理したら、しっかりした**根張り**と直立する幹という「欅らしさ」を出すために、平たい楕円鉢の中心に配置します。

1 バランスよく根を切り詰めたら、鉢に植えつけて固定し、用土を盛り入れる。

STEP 3 針金かけ

箒立ちに仕上げるために、枝の角度を上向きに矯正します。芽摘みにより細かい枝葉が増えると、まさに箒を立てたような樹形になります。

この樹は、こぶや二股の枝があるなど正面を決めにくかったので、樹形を整理して矯正を行った。

1 細い枝も、丁寧に枝先まで太さに合う針金を巻き、上向きに曲げていく。

管理のコツQ&A

Q どこに置けばいい？

A 日当たり、風通しのよい場所に置きましょう。日照不足は枝が間伸びする原因になります。

Q 水はどれくらい？

A 毎日、たっぷり与えます。葉が茶色くなるのは**水切れ**のサイン。そうなったら水やりの回数を増やしましょう。

Q 肥料はどれくらい？

A 夏から秋にかけて月に1回程度与えます。秋の肥料は枝の充実が目的です。枝が伸びて樹形を損なうようなら与えすぎです。

Q 植え替えは何年おき？

A **若木**は1〜2年に1回の割合、生長したら2〜3年に1回の割合で植え替えします。植え替えのときに根の太さを揃えると枝の生長が均一となります。

Q どんな病害虫がつく？

A 冬に殺菌殺虫剤を塗布することで、新芽の時期のアブラムシや病気を予防できます。

紅葉

モミジ

日本の秋を象徴する、美しく気品のある樹です。錦織りなす紅葉も見事ですが、四季を通して風情があります。

紅葉 「清玄」和楕円 53cm

栽培・作業・管理カレンダー

1月	2月	3月	4月	5月	6月	7月	8月	9月	10月	11月	12月
		植え替え			植え替え	葉すかし					
	芽摘み								剪定		
						葉刈り					
					肥料				針金かけ		

和名	イロハモミジ
別名	イロハカエデ、ヤマモミジなど
英名	Japanese maple
学名	*Acer palmatum*
分類	ムクロジ科カエデ属
樹形	斜幹、模様木、株立ち、懸崖など

もっとも見せたい角度で樹形を作る

After

Before

剪定で解決

不要な枝を外すことで、樹の流れを逆側に仕向ける。➡P104

針金かけで解決

樹全体に針金をかけて、自然な**左流れ**に矯正する。➡P104

紅葉《モミジ》とは、一般にカエデ属の落葉広葉樹の総称ですが、盆栽では深く切れ込んだ手のひら状の葉をもつイロハモミジ等を指します。色づく葉は「紅葉狩り」という言葉が生まれるほど美しい秋の風物詩ですが、芽吹きや新緑、歳月を経て風格を増す**幹模様**も魅力です。

改作する樹は**根張り**がよく、もっともきれい見える方向を**正面**に置きたいところですが、枝が逆向きです。そこで、針金で矯正して自然な流れの樹形に整えていくことにします。

STEP 1 剪定

正面を逆側に変更することを意識しつつ、徒長枝《とちょうし》や不要な枝を外していきます。樹形を乱すこぶなども、切り落とします。

1 根元のコケをよけて全体を確認し、元の仕立て方と逆の、**根張り**のきれいな面を正面に変更。

2 改めて**幹筋**を確認し、流れを真逆に変えるには、どの枝を残してどの枝を外すかを決める。

3

この樹はまだそれほど剪定をする必要はないが、徒長した不要な枝は切っておく。

STEP 2 針金かけ

裏表を逆にし、違和感なく左に流れるように針金で矯正します。太い針金を使うときは、針金に紙を巻いて幹を保護します。

1 根元の土に針金の先端を差し込み、伸びたてのやわらかい枝をつぶさないように丁寧に巻いていく。

2 強く曲げる幹は針金を二重に巻くが、幹に食い込まないように3か月ほどで早めに外す。

剪定と針金かけが終了した状態。正面に合わせて違和感のない流れに作り替えた。

STEP 3
植え替え

懸崖に映りのよい六角鉢に植え替えます。前傾でも不安定に見えないように、前に空間を作るように植えつけます。

1 鉢に合わせて根を整理して植えつけ、鉢底から出した針金でしっかり固定する。

2 片手で鉢を抑えて安定させながら、竹の割りばしなどで軽く突いて土の隙間を埋める。

3 根張りがよく見えるように足下に気を配り、表面にコケを張りつけて自然の風情を出す。

After

管理のコツQ&A

Q どこに置けばいい？
A 半日陰となる場所に置くとよく育ちます。日当たり、風通しのよい場所では、乾燥に注意しましょう。

Q 水はどれくらい？
A 水を好むので鉢土の表面が乾きかけたら、鉢底穴から流れ出すほどたっぷりと水を与えます。こまめに水やりをしましょう。

Q 肥料はどれくらい？
A 樹姿が整うまでは多めに与えましょう。葉が増え幹も早く太くなります。樹姿が整ったら控えめにしないとごつさが出ます。

Q 植え替えは何年おき？
A 細い枝を維持するために植え替えの間隔を開けます。2～3年に1回の割合で植え替えましょう。

Q どんな病害虫がつく？
A 芽吹きのころにアブラムシがつくので、見つけ次第、殺虫剤で駆除します。また秋にはうどん粉病予防として殺菌殺虫剤を散布するとよいでしょう。

縮緬葛

チリメンカズラ

縮緬《ちりめん》状《じょう》で照りのある小葉が密につく、美しい樹です。枝は細かく、秋に色づく紅葉も見応えがあります。

縮緬葛　均釉八角　57cm

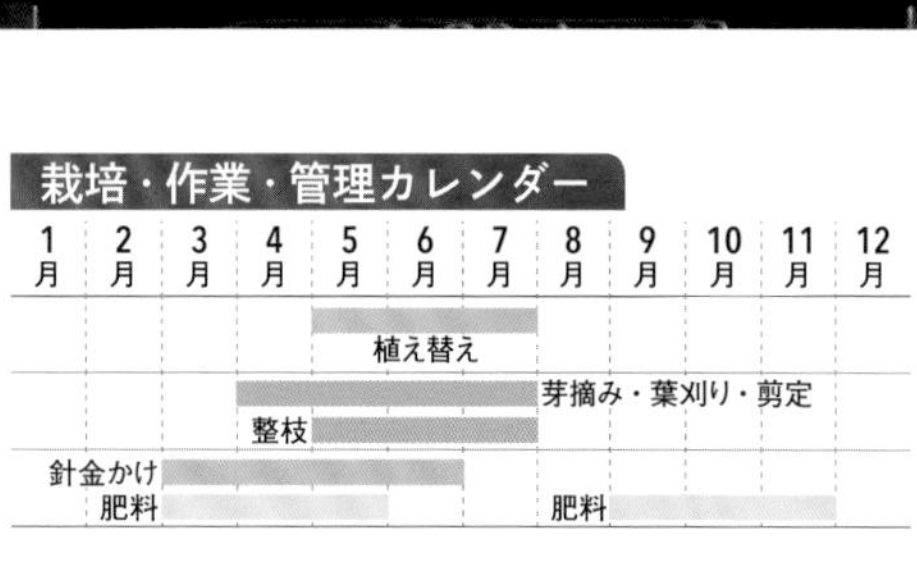

和名	テイカカズラ
別名	チョウジカズラ、マサキカズラ
英名	Japanese star jasmine
学名	*Trachelospermum asiaticum 'chirimen'*
分類	キョウチクトウ科テイカカズラ属
樹形	模様木、懸崖など

改作の手引　幹筋を見て正面を定め、樹形を整える

縮緬葛は、キョウチクトウ科のつる性植物である定家葛（↓P110）の園芸品種で、葉が小さく盆栽に向いています。葉の表面に独特の縮緬状の繊細な小皺があり、名前の由来となっています。つる性らしく長い**徒長枝**《とちょうし》を伸ばしますが、細い小枝も密に生じ、美しい樹形を作るだけでなく秋には見事な紅葉で彩られます。

この樹は、不揃いに伸びた枝葉を整理し、根元と幹筋を見極めて正面を決め、それに合わせて樹形を作っていきます。つる性で折れにくい反面、針金の効きはよくないため、形が決まりにくいのが難点です。幹が太るのにも時間がかかります。樹に無理強いせず根気よく作業して、長い目で見守り、盆栽に仕立てます。

Before

剪定で解決

伸びて不揃いに混み合った枝葉を整理し、全体を整える。
➡P108

植え替えで解決

右流れの樹形を活かす空間を意識して植え替える。
➡P109

針金かけで解決

この樹の個性となる**一の枝**を引き出すように針金をかける。➡P108

After

STEP 1 剪定

不要な枝葉を整理して幹筋を見極めます。それによって正面が決まり、針金かけによる造形の方針がはっきりします。

1 幹筋を確かめて正面になる側を決め、針金をかける枝（残す枝）と抜く枝を考える。

2 不要な枝や古葉を抜いて枝元をきれいにし、おおよその形を整える。

幹筋の良い側を正面にし、剪定を終えた。向かって右側に伸びているのが一の枝。

STEP 2 針金かけ

この樹のベースとなる一の枝を、どう引き出すのか考えて針金をかけます。針金が効きにくいので、根気よく整えていきます。

1 枝の太さに合う針金を、一の枝から巻いていく。

2 できるだけ針金を少なく、効果的にかける道を考える。

横に伸びた一の枝が、この樹に個性を与えている。

STEP **3**

植え替え

この樹は**右流れ**ですが、鉢のやや右寄りにあります。樹の流れをとらえ、線と余白が美しい左寄りの位置に植え替えます。

1 鉢から抜きにくい場合は、竹の割りばしなどを差し入れて浮かせるようにして取り出す。

2 **根鉢**をよくほぐし、長い根を短く切り詰める。真下に伸びる太い根も根元から切る。

3

やや左寄りに配置して、一の枝と地上の間に空間を生み出す。針金で固定して土を盛り、最後にミズゴケで覆う。

After

管理のコツQ&A

Q どこに置けばいい？

A 生長期は日当たりのよい場所に置きます。小さい鉢に植え替えた後は、**半日陰**となる場所に置くとよいでしょう。

Q 水はどれくらい？

A 夏は朝晩、鉢底穴から流れ出すほどたっぷりと水を与えます。冬は控えめにしますが、鉢土の表面が乾きすぎて**水切れ**を起こさないように注意しましょう。

Q 肥料はどれくらい？

A 多肥を好みます。また**葉刈り**で芽の数を増やしていく生長期は、木に力をつける必要があるため、月1回の割合で与えます。

Q 植え替えは何年おき？

A 枝葉を細かく密にするためには、根も密にしたほうがよいので、3年に1回の割合で植え替えします。

Q どんな病害虫がつく？

A 新芽の時期のアブラムシ以外は、これといった病害虫はつきません。

定家葛

テイカカズラ

つる性植物由来の幹の曲がり方が特徴的な姿を生みます。
初夏には絡み合う枝一面に花をつけ、存在感が増します。

定家葛　広東釉正方　71cm　卓　紫檀天然彫高卓

栽培・作業・管理カレンダー

<table>
<tr><th>1月</th><th>2月</th><th>3月</th><th>4月</th><th>5月</th><th>6月</th><th>7月</th><th>8月</th><th>9月</th><th>10月</th><th>11月</th><th>12月</th></tr>
<tr><td></td><td></td><td></td><td colspan="4">植え替え</td><td></td><td></td><td></td><td></td><td></td></tr>
<tr><td colspan="2">針金かけ</td><td></td><td></td><td></td><td colspan="2">剪定</td><td></td><td></td><td></td><td></td><td>針金かけ</td></tr>
<tr><td></td><td></td><td colspan="3">肥料</td><td></td><td></td><td></td><td></td><td colspan="2">肥料</td><td></td></tr>
</table>

和名	テイカカズラ
別名	チョウジカズラ、マサキカズラ
英名	Yellow star jasmine
学名	*Trachelospermum asiaticum*
分類	キョウチクトウ科テイカカズラ属
樹形	吹き流し、懸崖、斜幹など

風を感じる吹き流しの樹形に

つるを長く伸ばし、付着根で他の植物などに張りつくようにして生長します。名前は、歌人の藤原定家が死後も慕い続けた式子内親王の墓に、つるとなって絡みついたことに由来すると言われています。園芸では上へよじ登る性質を活かし、フェンスに這わせたり緑のカーテンに利用したりします。葉には光沢があり、船のスクリューのような形にねじれて咲く花には、ジャスミンに似た甘い芳香があります。

盆栽では、やわらかさを活かした懸崖などが似合います。「香りを聞く」色気のある樹なので、型にはめず、粋な姿に仕上げましょう。ここでは、剪定と針金で左に流すように形を整えて、吹き流し風に仕立てることにしました。

Before

剪定で解決

不揃いに伸びた枝葉を整理して、樹形を作りやすくする。➡P112

針金かけで解決

樹全体に針金をかけて、吹き流し風に形を作る。➡P113

After

STEP 1 剪定

全体を見て、枯れた部分や余分な枝葉を落とし、左に流すように調整します。香りが魅力の樹なので、おしゃれな佇まいの姿を目指します。

1 向かっていちばん右にある、流れに逆らう向きに伸びていた太い枝をつけ根から切り、樹形を整える。

2 他の枯れた部分や流れに逆らう不要な枝、混み合っている葉も整理して、すっきりさせる。

3 この樹種は傷巻きが悪いので、切った後の傷口は被覆塗布剤で手当てをしておく。

傷巻きの悪い樹種

枝を切り落とした後しばらくすると、切り口の外側が盛り上がって塞がります。定家葛や長寿梅のように、切り口の外側の盛り上がり（傷巻き）が悪い樹種の切り口には、被覆塗布剤や癒合剤を塗ります。被覆塗布剤や癒合剤には切り口を早く塞ぐ効果があります。

金豆の切り口に塗られた癒合剤。

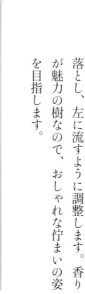

STEP 2 針金かけ

針金を巻いて吹き流し風に仕立てます。瀟洒《しょうしゃ》な株なので型にはめようとせず、風の流れと開花時の風情をイメージします。

1 流れのベースになる**差し枝**から針金を巻く。根元から途中まではこのまま活かすため、針金を巻かない。

2 枝の太さに合う針金を枝の先端まで巻いて、左側に流れるよう樹形を整える。

3 全体を調整する。この樹は柔軟性があって曲げやすいが固定しづらいので、何度もかけ直して手をかける。

After

管理のコツ Q&A

Q どこに置けばいい？

A 午前中だけ日が当たるような**半日陰**の場所で旺盛に生長します。葉を傷める原因となるので、真夏の直射日光や西日は避けましょう。

Q 水はどれくらい？

A 水を好むので鉢土の表面が乾いたら、鉢底穴から流れ出すほどたっぷりと水を与えます。乾燥すると葉が落ちるので、**葉水**を行い葉の乾燥を防ぎましょう。冬は水をやや控えめにします。

Q 肥料はどれくらい？

A 基本的に肥料は不要ですが、生育が悪い場合、液肥を与えます。

Q 植え替えは何年おき？

A 生育旺盛なので根詰まりを防ぐために、1年に1回の割合で植え替えをします。このとき、つるは短めに切っておきましょう。

Q どんな病害虫がつく？

A アブラムシやカイガラムシがつくことがあります。見つけ次第、駆除しましょう。

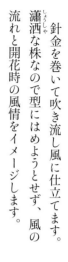

匂い楓

ニオイカエデ

葉に独特の香りをもつ落葉樹で、カエデとは別種です。春の芽吹きや秋の紅葉などを楽しみます。

改作の手引　幹の流れを整える

After

Before

剪定で解決

幹の線を邪魔している枝を落とす。

➡P115

植え替えで解決

若干棒立ちの姿に変化をつける。

➡P116

栽培・作業・管理カレンダー

1月	2月	3月	4月	5月	6月	7月	8月	9月	10月	11月	12月
		植え替え		芽摘み				芽摘み			
							葉刈り				
			肥料						肥料		

和名	ハマクサギ
別名	ジャコウカエデ
英名	Japan neem tree
学名	*Premna japonica*
分類	シソ科ハマクサギ属
樹形	模様木、文人木、懸崖など

匂い楓は、その名の通り葉をもむと胡麻《ゴマ》と似た独特の香りを放つことから、「ジャコウカエデ」とも呼ばれています。しかし、楓と名がつくものの、まったく別種の植物で、実はシソ科の落葉樹であるハマクサギの変種です。ハマクサギも「浜臭木」の和名が示すように葉に香りがあります。心もち、楓と似た形の匂い楓の小葉は、秋に黄色く色づきます。

改作する樹は、幹に個性的な流れがありますが、流れを妨げる枝が伸びてしまっています。不要な枝を落とすことによって流れをきれいに見せます。

葉のしげるようす。

STEP 1 剪定

この樹の個性である幹の流れを、手前に向かって伸びる枝が邪魔しています。この枝を外して、樹形を整えます。

1 **幹筋**に逆らうように手前に向かって突き出た枝を、根元から切り落とす。

2 後方に張り出した太い枝も外し、上部の樹形を乱す小枝も整えておく。

流れの妨げになる枝を整理したことで、幹筋がすっきり見えた。

STEP 2 植え替え

この樹は多少棒立ちになっているので、若干寝かせる角度にして、植え替えます。**根張り**にもきれいに見せるよう配慮します。

1 固まった根と土をほぐしたら、強すぎる**引き根**と**浮き根**を外し、全体を短く切りそろえる。

2 鉢に植えつける。鉢底にセットした針金が鉢土表面に出ないように注意して根を固定する。

3 竹串などで突いて隙間を埋め、ぎりぎり根元が見えるくらいまで土を盛り、コケを張りつける。

After

管理のコツQ&A

Q どこに置けばいい？
A 日当たりのよい場所を好みます。樹勢が衰えているとき、または養生するときのみ**半日陰**に置きましょう。

Q 水はどれくらい？
A 乾燥に強い性質ですが、肥料を与えている期間は、水やりの回数を多めにします。

Q 肥料はどれくらい？
A 強健な性質のため、少量で十分です。枝を伸ばしたい部分のみ**置き肥**してもよいでしょう。

Q 植え替えは何年おき？
A 若木は3〜4年に1回の割合、古木になったら2年に1回の割合で行います。それほど頻繁に植え替える必要はありません。

Q どんな病害虫がつく？
A 病害虫の心配はほとんどありません。樹勢が衰えるとカイガラムシがつきやすくなるので力を落とさないように注意します。見つけたらブラシでこすり落とします。

巨匠の道具

盆栽の道具は、それを使う人の性格や癖によって、扱いやすさが異なります。また、その道具の持ち味を生かして、本来の用途とは違う使い方をすることもあります。

例えば、樹木が割れたり裂けたりした状態を表現するサバ幹作りの際には、本来は大木を切り倒すためのチェーンソーを使います。

彫刻刀や小刀、ブラシなどのジン・シャリ作りの道具からは、盆栽に必要とされる大胆さと繊細さがうかがえます。

上等な道具は先人の知恵や工夫が凝縮されており、使い勝手がいいことは間違いありません。しかし、それをどう使いこなすかは、使う人の才覚にかかっています。このあたりも盆栽作りの妙味のひとつです。

チェーンソー

大木や太い幹、枝への大掛かりな加工に威力を発揮する。海外でのデモンストレーションに欠かせないアイテム。

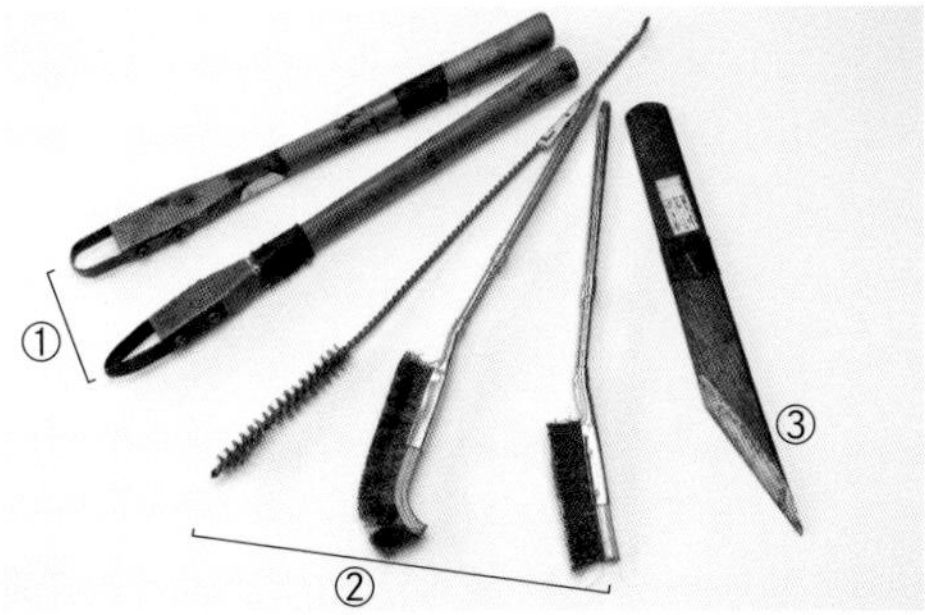

ジン・シャリ作りの道具

①彫刻刀：ジン、シャリ作りで樹皮を削る。②各種ブラシ：樹皮を剥いだ後のジン、シャリ表面をなめらかに整える。③小刀：彫刻刀が届かない場所の樹皮を剥ぐ。

こぶ切りばさみ

こぶや太い枝をえぐるように切り取る強度を持つ。樹皮を剥いだり、幹を削る際にも用いる。

川澄悦郎作剪定鋏

「名工川澄國治の技を引き継いだ盆栽鋏界の至宝」の手で作られた、鋭利な切れ味を誇る剪定ばさみ。ステンレス製で錆びにくいため管理も比較的容易。

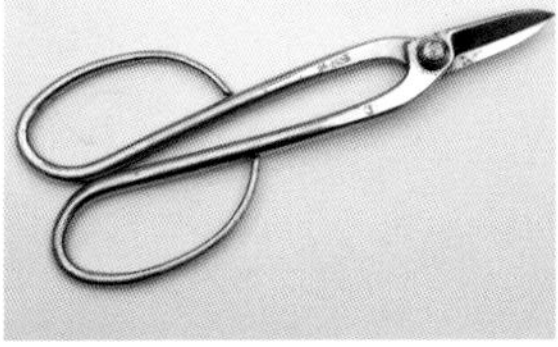

一般使いのはさみ。

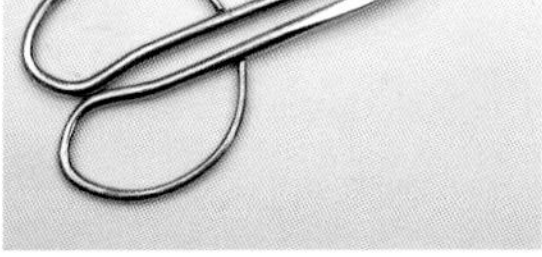

細い枝向きのはさみ。

改作の手引 **根の立ち上がりの強い個性を活かす**

梣

トネリコ

日本原産の落葉高木で、街路樹などにもよく植えられます。なめらかな幹肌と小葉が涼しげで、風情のある樹です。

After

Before

剪定で解決

伸びた枝葉を整理して、樹形をすっきり見せる。➡P119

植え替えで解決

丸い鉢に植え替え、立ち上がりの強さを逃がす。➡P120

栽培・作業・管理カレンダー

1月	2月	3月	4月	5月	6月	7月	8月	9月	10月	11月	12月
			植え替え	植え替え	植え替え						
		剪定	剪定		剪定	剪定			剪定	剪定	剪定
		肥料									

和名	トネリコ
別名	ササトネリコ
英名	Japanese Ash
学名	*Fraxinus japonica*
分類	モクセイ科トネリコ属
樹形	模様木

梣は日本各地に自生し、街路樹や建材、稲を干す稲架木《けさぎ》としても利用されます。名前の由来は、樹皮につく昆虫の分泌物を戸に塗った「戸塗り粉」や樹皮を煮詰め墨と共に練った「共練り濃」などと言われます。幹肌はなめらかな灰褐色で、葉にはつやがあります。庭木や鉢植えには、同じトネリコ属で常緑樹のシマトネリコが人気です。

改作するこの樹は、根の立ち上がりの面白さと、前後左右の動きがポイントです。この個性を、剪定と植え替えで活かす作業を行います。

STEP 1 剪定

根張りと立ち上がりの面白さ、前後左右に動きのある線を引き立てるために剪定を行い、伸びた根も短く切り詰めます。

1 **枝順**を確認。一旦、後ろに逃がしてから前にもってくることで、樹に奥行きを出すことにする。

2 不要な枝葉を整理して、樹全体の流れをきれいに見せる。

3 根詰まりしている部分をほぐして古土を落とし、全体を短く切り詰める。

STEP 2
植え替え

この樹の根の立ち上がりは面白いのですが、強すぎる癖は欠点にもなります。あえて丸形の鉢を選び、強さを調整します。

1 鉢に植えつける。不安定になりがちなので、しっかり針金で固定する。

2 配置したら、根と針金が見えなくなるまで用土を盛る。

鉢の表面を、水につけて絞ったミズゴケで化粧して完成。ミズゴケには、土の流出や乾燥を防ぐ働きもある。

After

管理のコツQ&A

Q どこに置けばいい？
A 風通しのよい明るい場所に置き、直射日光は避けましょう。

Q 水はどれくらい？
A 鉢土の表面が乾いたら、鉢底穴から流れ出すほどたっぷりと水を与えます。

Q 肥料はどれくらい？
A あまり肥料を必要としませんが、3月に固形肥料を追肥してもよいでしょう。

Q 植え替えは何年おき？
A 2年に1回の割合で、4～6月の暖かい時期に植え替えを行います。ただし生長の早い樹種なので、鉢底から根が出てくるようなら、もっと短い間隔で行いましょう。

Q どんな病害虫がつく？
A 病害虫の心配はあまり必要ありませんが、カイガラムシやハダニがつくことがあります。カイガラムシはブラシで取り除き、ハダニには殺虫剤を散布します。予防には風や光を遮る枝葉の整理をします。

鉢コレクション❶ 色鉢

色鉢には青系や赤系、黄系など、様々な色があり、松柏以外の盆栽に幅広く使えます。特に、花物盆栽や実物盆栽に使えば、花や実の美しさを鮮やかに引き立てることができます。

ここに紹介したのは、色鉢の銘品の数々です。絵付の美しさはもちろん、表面を覆っている釉薬が長い時代を経て絶妙な変化を見せており、それぞれが深い味わいを感じさせてくれる第一級の美術品といえます。

盆栽で最も大切なことは調和と品格です。これらの鉢は、その存在だけで十分な品格を感じさせますが、樹木や花実に寄り添うことで、見事な調和を見せてくれます。そこにこそ、銘品と呼ばれる所以があるように思います。

黄釉染付麒麟文《おうゆうそめつけきりんもん》
外縁丸《そとえんまる》（真葛香山《まくずこうざん》 作）
9.5×9.5×5cm
黄釉を背に遊ぶ二対の蒼い麒麟は、盆栽界に受け継がれる至宝。

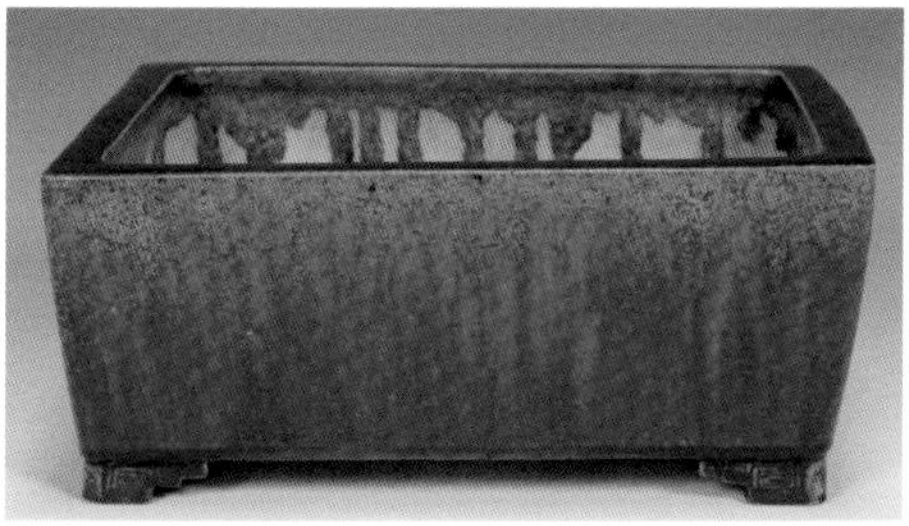

翠釉切立長方《すいゆうきったてちょうほう》（平安東福寺 作）
37×28×16cm
わずかに丸みを帯びた長方の線に、翠釉の濃淡が映える傑作。

古九谷獅子絵長方《こくたにししえちょうほう》
9.5×8.5×8.5cm
色彩に富む風景に佇む獅子が愛らしい銘品。

古渡均釉《こわたりきんゆう》
外縁隅入長方《そとえんすみいりちょうほう》
45×29×12.7cm
激動の明治に名を馳せた郷誠之助《ごうせいのすけ》男爵旧蔵の一品。

 →鉢コレクション②泥もの はP135

錦糸南天　白交趾輪花式丸　50cm

錦糸南天

キンシナンテン

縁起のよい樹として古来より好まれる南天の品種です。細い葉は、秋に美しく紅葉します。

栽培・作業・管理カレンダー

1月	2月	3月	4月	5月	6月	7月	8月	9月	10月	11月	12月
		植え替え									
		剪定		針金かけ	針金かけ						針金かけ
				肥料	肥料				肥料		

和名	ナンテン
別名	イトナンテン
英名	Sacred bamboo
学名	*Nandina domestica var.capillarisa*
分類	メギ科ナンテン属
樹形	寄せ植え、株立ち、文人木など

改作の手引　バランスを整え、趣のある姿に

After

Before

針金かけで解決

間延びして伸びた樹形を、針金かけで矯正する。➡P124

南天は、「難を転じる」とする縁起のよい樹として好まれ、庭木などに植えられるだけでなく、厄除けや慶事などの際にも使われてきました。冬にたわわに実る真っ赤な果実も見事です。さまざまな品種が作られ、園芸家の間でも人気があります。錦糸南天は矮性の品種で、糸状の繊細な葉が秋に美しく紅葉します。

この樹は、伸びてバランスの崩れた3本の枝を針金かけで矯正し、高さで変化をつける「天地人」に仕立てます。一番高いのが天、二番目が地、一番低いのが人を表します。

全体のバランスをよく考えて高さを調整する。それによって、樹に「天地人」をイメージする調和が生まれる。

針金かけ

3本の枝を「天地人」に見立てて、しっかり形を作るために二重に針金をかけて高さを調整し、樹全体に調和を生み出します。

1 枝の太さに合った針金を選び、枝に沿って巻いていく。若干強めにかけても問題ない。

2 不要な葉を整理する。背の低い幹も葉が混み合っているので小さく抑える。

管理のコツQ&A

Q どこに置けばいい？
A 午前中だけ日が当たるような半日陰に置きましょう。常緑性の樹木ですが、秋以降に日当たりのよい場所に置くと紅葉を楽しめます。

Q 水はどれくらい？
A 鉢土の表面が乾いたら、鉢底穴から流れ出すほどたっぷりと水を与えます。夏に**水切れ**を起こさないよう気をつけます。

Q 肥料はどれくらい？
A 5〜6月にかけて月1回の割合で与えましょう。また10月に、**固形肥料**を置き肥します。

Q 植え替えは何年おき？
A 2〜3年に1回の割合で植え替えます。根が生長して根詰まりを起こすと花や実に影響が出るので植え替え時に根も整理します。

Q どんな病害虫がつく？
A 乾燥に弱く加湿環境で育てるため、風通しの悪い場所で発生しやすいカイガラムシに注意します。見つけたらブラシでこすり落とします。

花物盆栽

Hanamono-bonsai

花物盆栽の

基本作業

まずは葉芽を増やす

花物盆栽は花を観賞することが一番の楽しみですが、数多くの花をつけて開花期が長くなると、樹木の体力が著しく奪われて、樹勢を弱める原因になります。特に、**若木**や養生中の樹木の場合は、その後の生育に大きな影響が出ますから、あえて花をつけないようにすることもあります。

また、梅のように花の付きやすい品種では、花芽ばかりできて、葉芽が育たないケースが多くあります。春から伸びた枝の葉が5~6枚に達したら、枝元の葉を**葉刈り**しておくことで、葉芽を育てることができます。

葉を残した枝先には花芽がつきますが、ここでは目的が異なるのでかき取ります。まずは、葉芽を増やすことを優先させます。

葉芽を増やす
（5～6月）

1
枝元の2～3枚の葉を葉柄を少し残して葉刈りする。

2
葉柄の基部につく芽は葉芽になる。

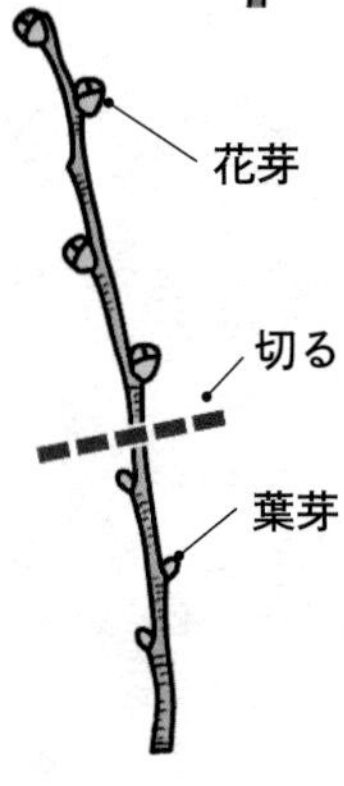

3
葉を残した枝先には花芽がつくが、花の鑑賞が目的ではないのでかき取る。落葉後、葉芽を2～3芽残して剪定すれば、小枝を増やすことができる。

花芽をかき取る

花芽分化※の後に、大きな芽（花芽）をかき取る。

※花芽分化…新芽が花や実になること。

花を楽しむために

葉芽を増やして樹木に体力がついたら、花の美しさを楽しむために、枝の伸びを抑えて花芽を増やす必要があります。

花芽を増やすには、2つの方法があります。ひとつは、枝を途中で折って花芽の発生を促す、折りだめという方法です。折りだめは枝を切らずに枝葉を残せるため、光合成の活動量を落とさずに花芽を増やすことができます。

もうひとつは、花が咲いた枝を1～2芽ほど残して切り戻し、花芽がつきやすい短枝を発生させる花後剪定という方法です。

花が咲き終わったら、花がらを取り除く、花がら摘みも大切な作業です。花をそのままにしておくと結実してしまい、樹木に余計な負担をかけることになります。

折りだめ

1 勢いよく伸びた枝の枝元から2～3枚葉を残したところで折り曲げる。ヤットコで枝をつぶしてもよい。

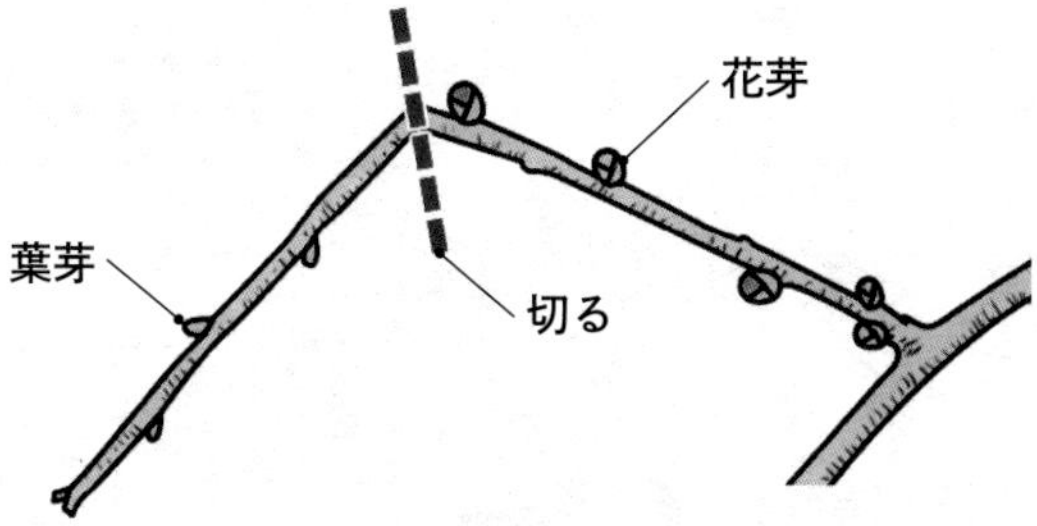

2 折り曲げた先に葉芽がつき、枝元に花芽がつくので、花芽が目立ってきたタイミングで折り曲げた箇所を切り取る。

花後剪定

花後、花が咲いた枝を1～2芽残して切り戻す。花芽がつきやすい短枝を増やすことができる。

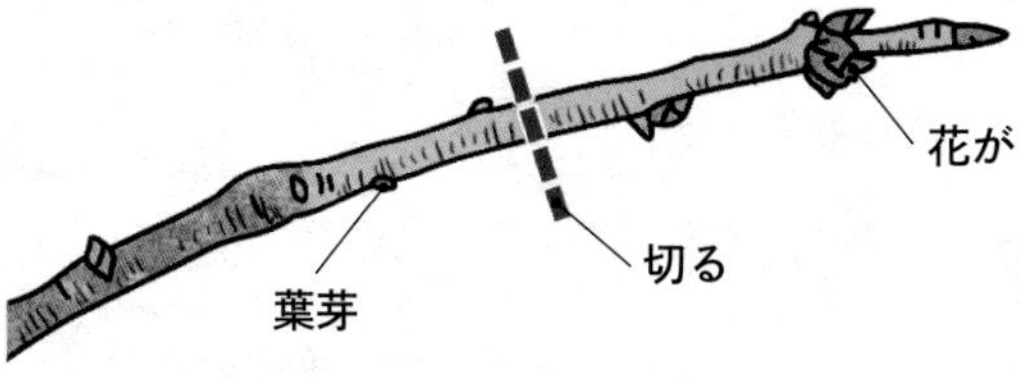

花がら摘み

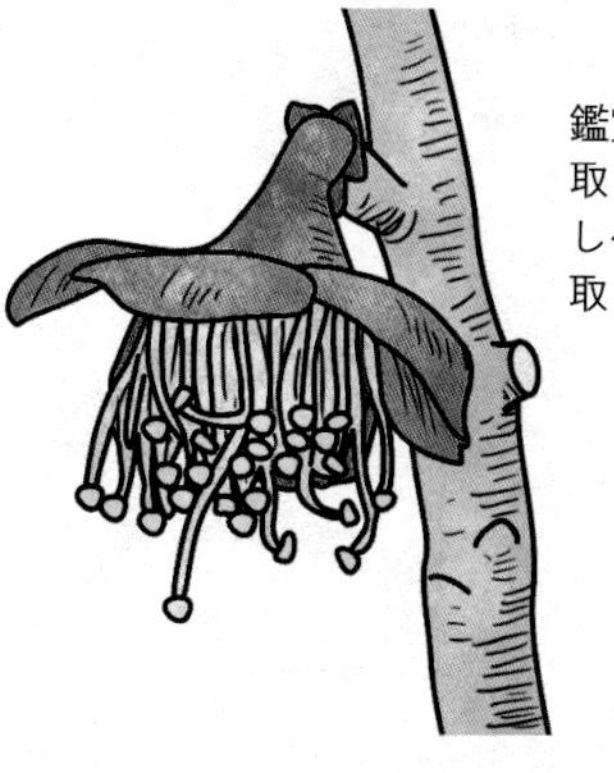

鑑賞後、花は早めに取り除く。子房や雄しべごと指でむしり取る。

皐月　如峰山　均釉楕円　72cm

皐月

サツキ

もっとも愛好者の多い花木盆栽の代表です。様々な花色や形をした、数多くの品種があります。

栽培・作業・管理カレンダー

1月	2月	3月	4月	5月	6月	7月	8月	9月	10月	11月	12月
			植え替え			花がらつみ				葉すかし	
	針金かけ		剪定		剪定				針金かけ		
			肥料				肥料				

和名	サツキ
別名	サツキツツジ
英名	macranthum azalea、Satsuki azalea
学名	*Rhododendron indicum*
分類	ツツジ科ツツジ属
樹形	直幹、双幹、模様木、文人、懸崖など

改作の手引① 足下のよさを活かした豆盆栽に仕立てる

After

Before

剪定で解決
不要な枝葉を切ることで、全体の姿を整えて幹筋を出す。➡P130

針金かけで解決
引き根のよさを引き立てるように、バランスを見て形を調整する。➡P130

植え替えで解決
引き根を活かした角度に植えつけ、コケを張って風情を出す。➡P131

皐月は日本原産のツツジの一種で、陰暦の5月頃に花が咲くことから名づけられました。庭木や、道路沿いの低い街路樹としてよく植えられます。江戸時代から何度か大流行が起こり、白、ピンクなど様々な花色や咲き方の、1000種を超える品種が作られました。現在でも盆栽界で花木の一大分野を築いている人気の樹種です。

この樹は引き根がよいので、豆盆栽に仕立てることにします。ぼんやりと伸びた枝葉を整理し、3年先ぐらいを見据えて針金をかけ、おおよその骨組みを作ります。

STEP 1 剪定

全体的に手入れのされていない樹形を、剪定で整えます。管理がよければ傷巻きは早いので、不要な太い枝も切ります。

1 全体を見て完成した樹形をイメージし、不要な枝が見えてきたところで切っていく。

2 太い枝は又枝切りやこぶ切りばさみで切り、切り口は被覆塗布剤で保護すると傷巻きが早い(→ P112)。

3 上部の細い枝葉も整理する。ただし、枝葉や根を切るときは、大胆に切りすぎると枯らしてしまうことも頭に入れておく。

4 根の剪定も行う。大きすぎる根鉢は大胆に切り取り、ほぐした後でさらに根を切り詰める。

5 根を整理したら、よく水洗いして、さらに根の状態を確認する。

6 強い浮き根を切り詰める。枝を多めに切った分、根のボリュームも抑える。

STEP 2 針金かけ

ふつうは剪定が済んだら針金をかけて樹形を作っていきます。この樹は根のよさを見せたいので、先に**根張り**を確認し、鉢に固定してから調整します。

1 根張りを意識して枝を向ける方向を決める。裏側や上からも見て、バランスよく枝を曲げる。

! ポイント

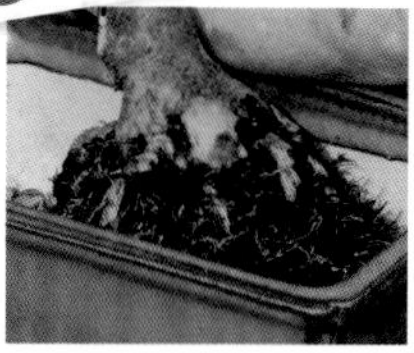

鉢底にセットしておいた針金で、しっかりと固定する。針金が見えないように注意。

STEP 3 植え替え

針金をかけ終えたら、改めて形を整えます。角度をつけて配置することで、この樹の**引き根**のよさを強調します。

1 根を隠さないような分量の用土を鉢に入れていく。

2 根張りがきれいに見え、枝もバランスよく張り出すように意識して位置を整える。

After

3 丁寧にコケを張りつけて完成。**豆盆栽**は足下の美しさがポイントになるので、丁寧に仕上げる。

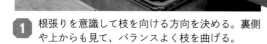

改作の手引② 根上がりの躍動感を引き出す

After

Before

剪定で解決

この樹の個性である根の曲線に目がいくように、枝と根を整理する。➡P133

針金かけで解決

針金で頭を下げるように矯正し、視線が根の曲線に向くようにする。

➡P133

植え替えで解決

ピンクの花色に合わせ、白い鉢に植え替えることで樹の風情を出す。

➡P134

盆栽の樹形のひとつ、根上がりとは根が地上に露出し、幹のようになった状態です。自然界で長い年月を雨にさらされたり、土砂崩れで足下の土が洗い流されたりして根がむき出しになっても、そのまま幹のように硬く変化して生き続ける姿に生命のたくましさを感じます。

この樹は皐月の根上がりを引き立てます。幹を支えて立ち上がる姿は、力強さと躍動感を感じさせますが、頭が高すぎるので矯正し、根の曲がりもよりよいものにします。

STEP 1
剪定

この樹の主役は、中間地点で大きく曲がった根です。この部分を目立たせるように枝を減らし、根も整理していきます。

1 直立した根を外し、あえて不安定さを出して動きを演出するとともに、奥行きと空間を出す。

2 正面から見て根の曲がりのすぐ上で右に伸びる枝を切り、ジンを作る。根が強調される。

枝葉と根を剪定したところで、全体のバランスを見る。曲がりの上部と下部の割合を1：2に近づけたい。

STEP 2
針金かけ

この樹は幹が上に伸びているため頭が高いのですが、代わりとなる頭がないので、針金で下に引っ張り低くします。

1 枝の太さに合った針金を、根の動きとのバランスを見ながら丁寧に巻いて形を作る。

2 頭を下げるために、上部の枝に針金をかけて根に回し、下に向かって引いて固定する。

匠の技! Takumi no waza

根を梳《す》く際に、あえて縦の線を外す。そうすることで躍動感が出る。

針金をかけた状態。枝を外して根も梳いたため、根の曲がりが強調されて樹全体にも動きが出た。

STEP 3

植え替え

鉢の中の根をほぐして切り詰めて、樹形が活きる浅い鉢に植え替えます。傾けて植えることで、根と差し枝の間に空間を作ります。

1 鉢から出した根をほぐして固まった古土を落とし、伸びた部分を短く切り詰める。

2 鉢に植えつけた状態。全体をよく見て、この樹がもっともきれいに見えるところがどこかを判断して正面を決める。

3 角度をつけて植えつけたら土を盛り、コケを張りつける。数種のコケを使うと表情が出る。

After

管理のコツQ&A

Q どこに置けばいい？

A 若木は日当たりのよい場所に置きます。樹形を維持する段階になったら、午前中だけ日当たりのある半日陰に置きましょう。

Q 水はどれくらい？

A 非常に水を好みますが、過湿状態になると弱ります。水はけのよい用土で適度に湿度を保ちながら、水切れを起こさず育てます。

Q 肥料はどれくらい？

A 花を咲かせる前の4月に1回、花後は10月まで月に1回、置き肥をするとよいでしょう。肥料が不足すると枝が枯れてきます。

Q 植え替えは何年おき？

A 細い根が地表近くに広がる性質があり、浅鉢では根詰まりを起こしやすいため、2〜3年に1回の割合で植え替えをします。

Q どんな病害虫がつく？

A アブラムシやハダニなど。定期的に殺虫剤を散布して予防します。

鉢コレクション②

泥もの

落ち着いた佇まいの泥ものの鉢は、季節の変化があまりない常緑の松柏盆栽とよく合います。緑の葉が引き立って、重厚感を生み出すことができます。

素焼きの土の肌合いや、微妙な色の違いが楽しく、色によって、烏泥《うでい》、紅泥《こうでい》、朱泥《しゅでい》、紫泥《しでい》、白泥《はくでい》などと呼び分けられます。

ここに紹介したのは、泥ものの銘品のごく一部です。いずれの鉢も、形状の素晴らしさはもちろん、胎土《たいど》（原材料の土）の圧倒的な質感や、長い時間をかけて醸し出された侘び寂びの味わい深さが感じられる逸品です。

これらの鉢は、樹木と一体になった際の美しさと、鉢そのものの美しさの両方の魅力を十分に兼ね備えています。

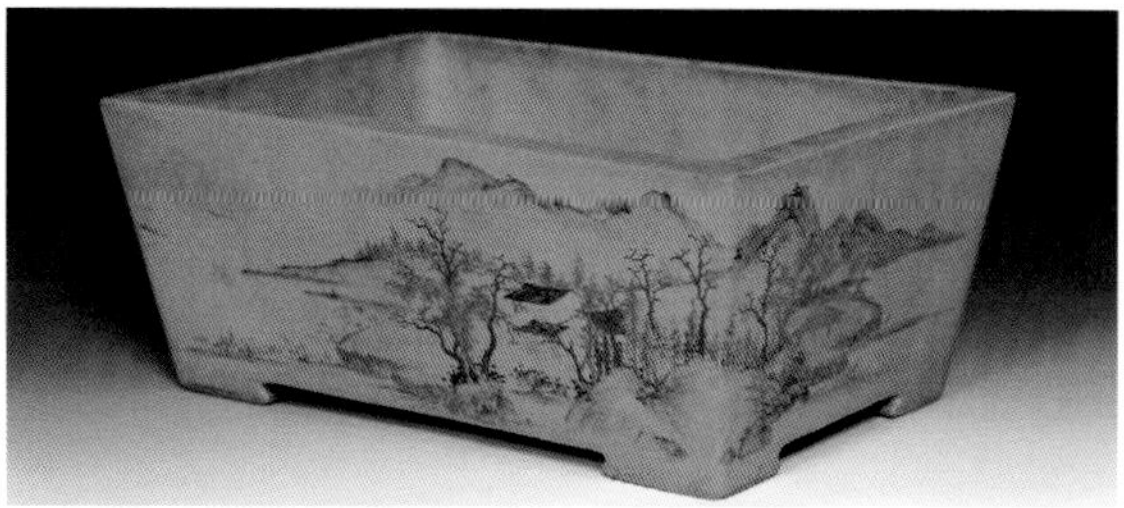

古渡《こわたり》絵《え》白泥《はくでい》五彩《ごさい》
山水《さんすい》図《ず》長方《ちょうほう》
（楊季初《ようきはつ》 作）
31×21×12.2cm
厳選された白泥に施された山水図には息を呑まずにいられない。

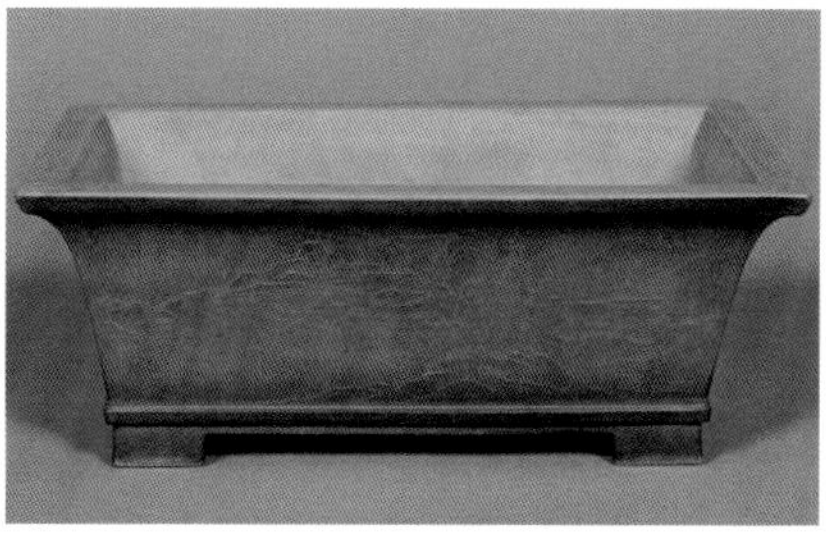

古渡《こわたり》白泥《はくでい》浮彫《うきぼり》山水《さんすい》図《ず》外縁《そとえん》長方《ちょうほう》
37.5×23×14.5cm
浮彫技巧の風景に朦朧とした空気が漂う。

紫泥《しでい》雲龍《うんりゅう》文《もん》隅切《すみきり》外縁《そとえん》正方《せいほう》
11.8×11.8×8.2cm
小鉢に大空を舞う龍の躍動感を感じる。

古渡《こわたり》紅泥《こうでい》
梨皮《りひ》反縁《そりえん》飾足《かざりあし》長方《ちょうほう》
（為善最楽 作）
51.5×25.5×10cm
紅泥盆器の最高峰「為善最楽」の銘品。

→鉢コレクション①色鉢 はP121

梔子

クチナシ

香りのよい純白の花、つやのある葉、黄橙色の実。一年を通して楽しみの多い樹です。

梔子　広東釉楕円　57cm

6～7月に直径5～10cmほどの花をつけます。

栽培・作業・管理カレンダー

作業	1月	2月	3月	4月	5月	6月	7月	8月	9月	10月	11月	12月
植え替え				━	━							
芽摘み				━	━	━	━	━				
葉刈り				━	━	━						
針金かけ				━	━	━						
肥料				━	━	━	━		━	━		

和名	クチナシ
別名	センプク
英名	Cape jasmine、Gardenia
学名	*Gardenia jasminoides*
分類	アカネ科クチナシ属
樹形	模様木、株立ちなど

改作の手引　伸び放題の根と枝葉を整理する

梔子は、初夏に開く純白の花の美しさもさることながら、濃厚な甘い香りが人々を惹きつけます。長楕円形の濃い緑葉は、革質でつやがあります。晩秋には独特の形をした果実が黄橙色に熟します。花、葉、果実の美しさから庭木に植えられることも多く、盆栽でも人気があります。

梔子の名前の由来は、果実が熟しても開かないことから、あるいは萼《がく》を鳥の嘴《くちばし》に、果実を梨に例えたなどの説があります。果実は古くから黄色染料や漢方薬に利用されてきました。八重咲きの品種は果実をつけません。

改作する樹は伸び放題の枝葉と根を整えます。地上部と根は密接な関係にあるので、切るバランスが大切です。

Before

剪定で解決

伸びて不揃いになった枝葉を整理して、幹筋を見せる。➡P138

植え替えで解決

残したい根以外は短く切り詰めて、花色に合う色の鉢に植える。➡P139

After

STEP 1

剪定

この樹は立ち上がりが面白いのですが、枝葉が伸びすぎて幹が見えません。剪定で幹筋をすっきり見せる作業を行います。

1

太い枝でも不要なものは外す。常に正面を意識しながら、鉢を回して枝の状態を確かめてカットする。

! ポイント

太い枝を切った後は、切り口に被覆塗布剤(→P112)を塗っておく。

2

新芽が上向きにどんどん伸びて混み合っているので、大胆に切ってすっきりさせる。

剪定が終了した状態。
枝葉を整理したことで幹筋が見え、この樹の個性である立ち上がりもきれいに現れた。

STEP 2 植え替え

枝葉を減らしたので、根のボリュームも抑えます。根詰まりを起こすだけでなく、樹全体のバランスも崩れてしまうからです。

1 鉢いっぱいに伸びて鉢底のネットまで取りこんでしまった根を短く切り詰め、よく洗う。

2 この樹は**根張り**もよいが、**浮き根**になりそうな太い根などは、株の方向を変えてしまうので切る。

3 植えつけたら土を盛り、表面にコケを張る。正面だけでなく裏側にも気を配ると仕上りがよい。

樹形が左流れなので、右寄りに植えることで空間が生まれる。鉢は白い花色が映える瑠璃色を選んだ。

管理のコツ Q&A

Q どこに置けばいい？

A 日当たり、風通しのよい場所に置きます。夏は遮光して葉焼けを防ぎます。冬は室内か軒下に移すとよいでしょう。

Q 水はどれくらい？

A 水を好むので1日1回、たっぷりと与えます。夏は水切れを起こさないように1日2回、冬は2日に1回、与えます。

Q 肥料はどれくらい？

A 肥料が多いと実つきが悪くなるので控えめにします。肥料を与えなくても大丈夫です。

Q 植え替えは何年おき？

A 2年に1回の割合で植え替えをします。4〜5月に行うとよいでしょう。

Q どんな病害虫がつく？

A オオスカシバというガの幼虫は、葉を食べ尽くすので、見つけたら割りばしなどで取り除きます。5〜9月は鉢土にフンが落ちていないか確認しましょう。

梅

ウメ

春まだ浅い冷気の中で凛として咲く、清楚で美しい花と気品ある香り。梅は昔から愛されてきた、佇まいも趣のある花木です。

野梅（青軸）「双竜」海鼠釉楕円　87cm

栽培・作業・管理カレンダー

1月	2月	3月	4月	5月	6月	7月	8月	9月	10月	11月	12月
	植え替え							植え替え			
		剪定	針金かけ		葉刈り						
			肥料					肥料			

和名	ウメ
別名	花兄、風待ち草、好文木など
英名	Japanese apricot
学名	*Prunus mume*
分類	バラ科サクラ属
樹形	直幹、双幹、斜幹、模様木、文人、懸崖など

改作の手引 しなやかな曲線で個性と厳しさを表現

After

Before

剪定で解決

幹の曲線と**一の枝**の流れに目が行くように、上部を処理する。➡P142

植え替えで解決

樹と鉢のバランスを考え、空間を活かした配置で植える。➡P143

針金かけで解決

針金をかけ、全体を下げることで、下向きの流れを作り出す。➡P142

梅は奈良時代に中国から渡来したと伝えられ、古くから早春を彩る代表的な花木として親しまれてきました。観賞用の花梅と果実を採る実梅とがあり、３００種を超える園芸品種が作られています。盆栽では、清楚で気品のある花だけでなく、早くから幹が荒れて**古木**の趣を見せる姿にも、味わい深い魅力があります。

改作する樹は個性の強い幹の流れを大切に、枝を上げ下げして線を活かすように作っていきます。花色が濃い紅色の緋梅系の樹なので、花色に合う鉢を選びます。

STEP 1
剪定

樹の幹の曲線から一の枝への流れを際立たせるための剪定を行います。思い切って上方の枝を切り落とします。

1
流れを活かして個性を出すには、上部に伸びる枝は不要と判断して切り詰めていく。

STEP 2
針金かけ・ジン作り

一の枝を構成している全ての枝に針金をかけます。全ての枝を下げて下向きの流れを作り出します。アクセントにジンも作っていきます。

1
細い枝に、枝の太さに合った針金を根元の方から先端に向かって巻いていく。

2
上部をジンにして風雨で朽ちた感じを表現。作為的にならないようにする。

匠の技！ Takumi no waza
ペンチで皮をむしり取るようにすると、自然に風化したように仕上がる。

3
それぞれの枝を下向きに曲げていく。細い枝なので折らないように注意。余った針金はカットする。

STEP 3 植え替え

鉢から抜き、古土を落として根をよくほぐします。足下の根張りを確認して、強すぎる根を切って鉢に植え替えます。

1 固まった土を掻き出して取り除く。それによって水はけがよくなり、根張りも見えてくる。

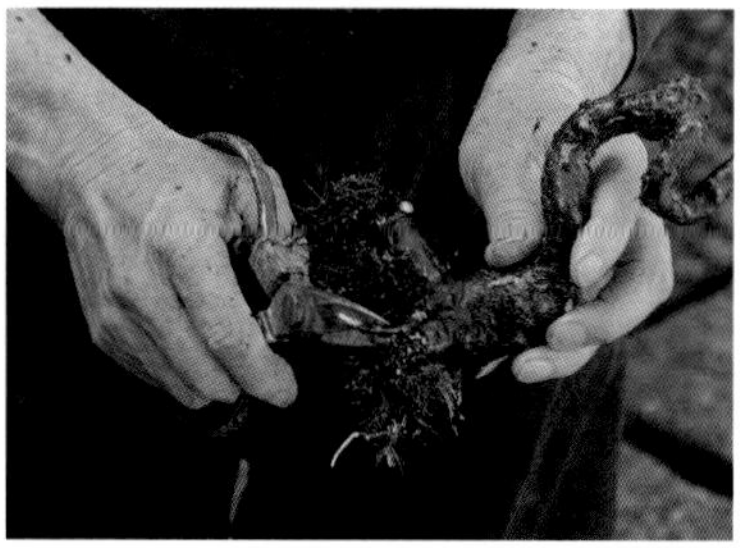

2 根を整理したら、しっかり水洗いする。このとき、強すぎる根や浮き根などを確認して切っておく。

3 鉢に植えつけて、鉢底にセットしておいた針金でしっかり固定し、土を盛っていく。

4 土を入れたら竹の割りばしなどで突いて隙間を埋め、よくなじませる。この樹は右流れなので、やや左に寄せて植える。

After

管理のコツQ&A

Q どこに置けばいい？

A 日当たり、風通しのよい場所を好みます。夏の直射日光はなるべく避けましょう。

Q 水はどれくらい？

A 水を好むので、鉢土の表面が乾いたら、鉢底穴から流れ出すくらいたっぷりと与えます。

Q 肥料はどれくらい？

A 特に肥料が多く必要です。肥料が少ないと花芽が減り、枝が細くなり枯れることもあります。花後から10月まで、月に1回の割合で置き肥します。

Q 植え替えは何年おき？

A 生長の早い若木は1年に1回の割合で植え替えします。生育期が終わっても2年に1回の割合で植え替えしましょう。

Q どんな病害虫がつく？

A アブラムシ、ハダニ、カイガラムシに加え、うどん粉病、べと病、黒星病などへの注意が必要です。殺菌殺虫剤で予防しましょう。

椿

ツバキ

古くから早春を彩る花の代表格です。気品ある花とつやのある緑葉が、鮮やかな印象を与えます。

藪椿　和正方　110cm

栽培・作業・管理カレンダー

1月	2月	3月	4月	5月	6月	7月	8月	9月	10月	11月	12月
植え替え	植え替え	植え替え	植え替え		整枝	整枝	整枝			植え替え	植え替え
					針金かけ	針金かけ	針金かけ				
		肥料	肥料						肥料		

和名	ツバキ
別名	耐冬花
英名	Camellia
学名	*Camellia japonica.*
分類	ツバキ科ツバキ属
樹形	模様木、懸崖、半懸崖など

改作の手引　曲線を活かして懸崖仕立てに

After

Before

針金かけで解決

太い針金を使い、大きく幹を曲げて懸崖の形を作る。➡P146

『万葉集』に登場するほど、古くから親しまれてきた花木です。太平洋側にはヤブツバキが、日本海側の多雪地帯にはユキツバキが分布し、それらをもとに数多くの美しい園芸品種が作り出されました。皐月とともに花木の一大分野を築いています。冬でも肉厚でつやのある葉をつけるほか、いち早く早春を彩る花が、萼《がく》ごと落ちることから「落ち椿」という春の季語になっています。

改作する樹は無難に伸びていますが、花と葉がよく映える懸崖に仕立てることにします。

針金かけ

懸崖に仕立てるために、幹と枝に太い針金をかけて曲げます。幹を保護するために、針金に紙を巻いておきます。

1 針金を巻く起点となる側を幹の根元に動かないように差し込み、根元から巻き始める。

2 幹から枝へ針金を巻いていく。太い針金は巻くときにも力がかかるので、枝を折らないように注意。

3 両手で幹を持ち、力を入れて曲げる。無理に曲げようとせず樹が素直に曲がる方向を確認する。

After

4 作業が完了したら、樹全体を消毒薬の溶剤に浸すと、あらかじめ消毒と殺菌ができる。

溶液に浸す

春の害虫対策には冬の間の消毒が有効です。溶液に浸せば周囲に薬剤が飛散しません。

管理のコツQ&A

Q どこに置けばいい？

A 日当たり、風通しのよい場所に置きます。夏は遮光して葉焼けを防ぎ、冬は室内か軒下に移すとよいでしょう。日陰にも耐えます。

Q 水はどれくらい？

A 1日に1回の割合で与えます。夏場は1日に2～3回の割合で与え、冬も水切れを起こさないよう注意しましょう。

Q 肥料はどれくらい？

A 少量の置き肥か、薄めの液肥を、春、初夏、秋に与えます。栄養過多は新根を傷める可能性があります。

Q 植え替えは何年おき？

A 2年に1回の割合で植え替えます。種類により開花期が異なりますが、花後、それも花芽が作られる季節までに力を回復できる時期に行いましょう。

Q どんな病害虫がつく？

A チャドクガの幼虫のほか、ウイルス病や菌核病などを防ぐため、定期的に殺菌殺虫剤で予防します。

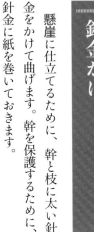

水石《すいせき》の世界

水石とは、盆栽の魅力を引き立てるために置く石のことです。その多くは海岸の断崖絶壁や狐島、深山幽谷といった自然の景観を表現するために用いられ、盆栽の味わいを深めることに役立ちます。

山々を連想させる山形石《やまがたいし》や、滝を思わせる滝石、池のように水を溜めることができる「溜まり」など、水石には多くの種類があります。

水石を使う際のポイントは、その形と色、質感などをきちんと見極めることです。水石だけが目立っても、逆に目につかなくても効果がありません。盆栽と水石が調和していることが大切です。

盆栽は、自然の風景を凝縮して表現する芸術ですから、水石を上手に使うことは、盆栽の持ち味を高めることに直結します。

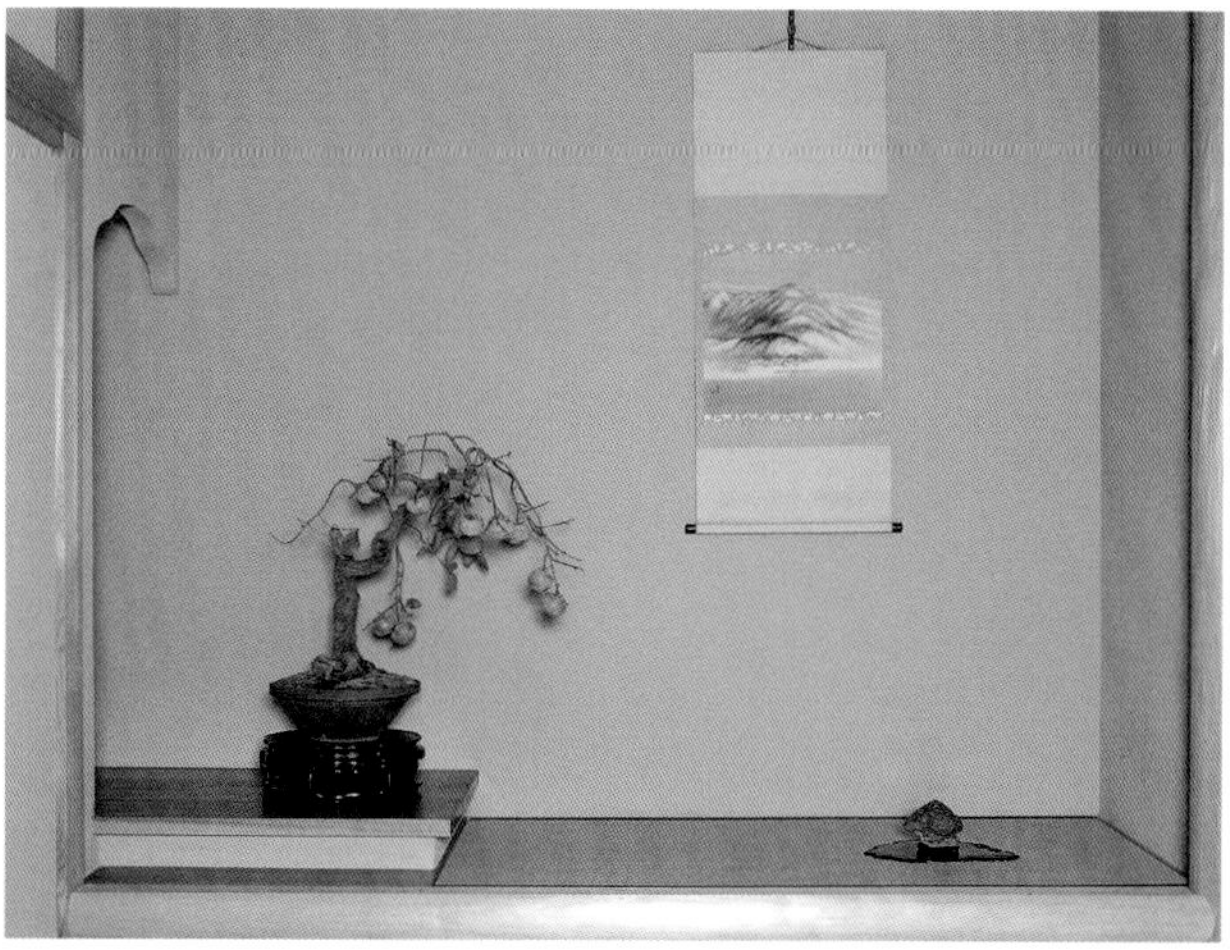

南蛮丸鉢の柿に合わせた赤玉石。雪山の掛け軸を遠景に使い、冬の訪れを控えた秋の日を表現した。

佐治川石《さじがわいし》「秀平《しゅうへい》」
66×17×23cm

右肩の主峰からのびやかな平原、左肩に望む遥か遠方の山脈は鑑賞者を広大な景色へと誘う。

菊花石《きっかせき》
23×10×18.5cm

石中の化石が大輪の菊花を思わせる。

加茂川《かもがわ》臥牛石《がぎゅういし》
14×8×9cm

「姿石」とも呼ばれ、伏している牛を彷彿とさせる。

佐治川石「須弥山《しゅみせん》」
40×17×26cm

仏教の経典に描かれた霊山、須弥山の銘を持つ石。自然が生み出した奇跡の造形。

桜

サクラ

日本人にもっとも親しまれている樹。お花見は春の風物詩です。様々な名所や名木が全国に知られ、満開の花を咲かせます。

枝垂桜　均釉輪花　75cm

栽培・作業・管理カレンダー

1月	2月	3月	4月	5月	6月	7月	8月	9月	10月	11月	12月
		植え替え		芽摘み				植え替え	植え替え		
		剪定	剪定	剪定	剪定					剪定	
針金かけ	針金かけ		肥料	肥料	肥料			肥料	肥料		針金かけ

和名	ヤマザクラ、マメザクラなど
別名	夢見草、挿頭草、曙草など
英名	Cherry tree
学名	*Cerasus spp.*
分類	バラ科サクラ属
樹形	斜幹、模様木、文人、懸崖など

樹形を整え、病気の手当を

After

Before

剪定で解決

幹に対して太すぎる枝が伸びているので、切っておく。➡P150

針金かけで解決

幹につく細い枝を下向きにし、枝垂れた風情を出す。➡P150

植え替えで解決

観賞用の鉢に、空間を活かす配置で植え替える。➡P151

桜ほど、日本人に広く愛されてきた花はありません。どこか儚げで気品のある花、つぼみから桜吹雪が舞う様子までもが日本人の情緒に合い、満開の樹の下でのお花見は年中行事にもなっています。北海道から沖縄まで様々な種が自生し、公園や街路樹でおなじみのソメイヨシノの他にも、多くの園芸品種があります。

改作する樹は枝垂れ系の品種です。幹に対して太い枝があるので整理し、幹が描く線の面白さを活かして樹形を整えます。根に病変があるので、手当も必要です。

STEP 1 剪定・ジン作り

幹にある面白い癖の線を活かした樹形を作るため剪定を行います。ただ切るだけでなく、ジンを作って風情を出します。

❶

正面を向いたときに中心付近にあるこぶを、こぶ切りばさみやペンチなどでつぶしてジンを作り、風情を出す。

❷

幹に対してバランス的に太く流れのじゃまになる枝を、こぶ切りばさみを使って落とす。

STEP 2 針金かけ

この樹は、幹の曲がりに目が行く向きを正面にします。下に向かって枝垂れるように角度をつけて、枝に流れを作ります。

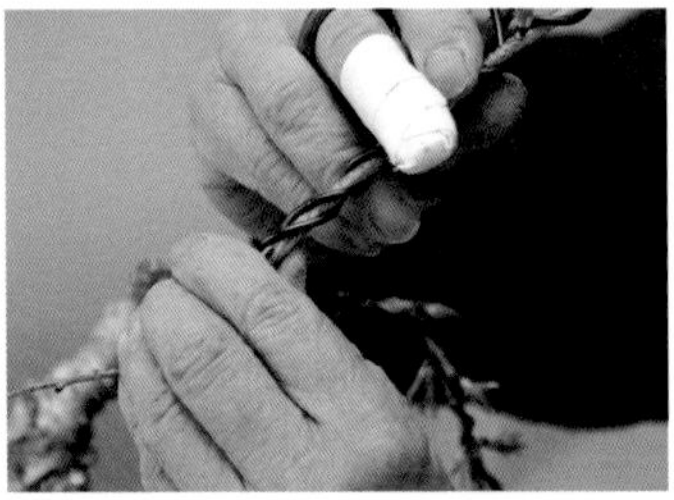

❶

強く曲げたいところは細かく針金を巻いたり、二重にかけたりするが、きつすぎないように注意する。

❷

細い枝に針金を巻く。桜は生長が早く、細いと食い込みやすいので若干太めの針金を使用した。

STEP 3 植え替え

鉢の中で固く詰まっていた根をよくほぐし、古土を取り除き不要な根を切ります。今回は病変が見つかったので対処します。

切り取った患部。根頭がんしゅ病はバラ科の植物に出やすく、生育が悪くなる。

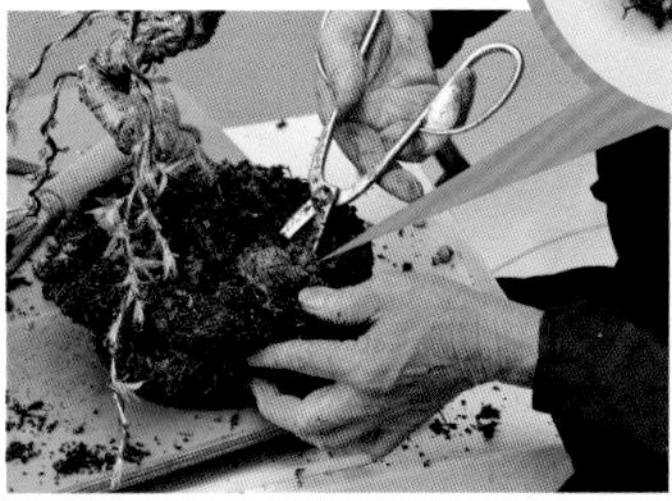

1 こぶ状の「根頭がんしゅ病」を切り取る。植え替えの際は土の中の健康状態にも気を配る。

2 病原菌は土壌中に生息して傷口から入るので、処置が済んだら、根を消毒液に浸す。

3 鉢に植えつけて、針金でしっかり固定する。やや右寄りに植えることで空間が生まれる。

匠の技！ Takumi no waza

植え替えの際に、炭を細かく切って入れると土を浄化する効果がある。

After

管理のコツ Q&A

Q どこに置けばいい？

A 日当たりを好みますが半日陰にも耐えるので、生育期間は日なたに置きます。梅雨以降は半日陰に置くとよいでしょう。

Q 水はどれくらい？

A 水を好みますが、与えすぎると花が咲きにくくなります。鉢土の表面が乾いたら、鉢底穴から流れ出すくらいたっぷりと与えます。

Q 肥料はどれくらい？

A 肥料を与え続けると花つきがよくなります。梅雨時と真夏を除き、花後から10月まで、月に1回の割合で有機肥料を与えます。

Q 植え替えは何年

A 肥料を切らさず与えると、根の生長も旺盛になります。1年に1回の割合で植え替えをしましょう。

Q どんな病害虫がつく？

A アブラムシ、ハダニ、カイガラムシ、オビカレハというガの幼虫（毛虫）のほか、細菌による根頭がんしゅ病にも注意します。

長寿梅

チョウジュバイ

クサボケの品種で、朱紅色や白の小ぶりの花を咲かせます。小さな照葉も美しく、細かく分岐する枝を彩ります。

長寿梅　均釉楕円　43cm

栽培・作業・管理カレンダー

1月	2月	3月	4月	5月	6月	7月	8月	9月	10月	11月	12月
								植え替え			
						芽摘み・剪定					
肥料			肥料					肥料			

和名	クサボケ
別名	シドケ、コボケ、ノボケなど
英名	Japanese quince
学名	*Chaenomeles japonica ‘chojubai’*
分類	バラ科ボケ属
樹形	寄せ植え、根連なり、株立ち、懸崖、石付きなど

改作の手引　細部まで手をかけて石付きに仕立てる

梅の名がつきますがバラ科のクサボケの園芸品種です。クサボケは本州から四国、九州の野山に自生する日本固有種の落葉低木で、春に美しい花をつけ、秋には果実が黄色く熟します。長寿梅は四季咲きの性質が強いため、長く花を楽しめるので、この名がついたと言われています。枝が細かく分岐して広がり、小さな愛らしい花と照葉を多くつけます。樹高が低い矮性種《わいせいしゅ》で、叢生《そうせい》した姿に仕立てて楽しむことが多いようです。

この樹は、石と合わせてあえて不安定な姿を演出します。「美は乱調にあり」という言葉のように、樹の姿からインスピレーションを働かせることも作品作りに欠かせません。石の選択から配置まで手を抜かずに改作を行います。

Before

植え替えで解決

樹形はよいので、樹そのものにはあまり手を入れない。根鉢をほぐして全体の姿を整え、石付きに仕立てる。➡P154

After

植え替え

取り出して樹全体を確認します。**根鉢**をほぐして古土を落とし、不要な根を引き出して切り詰めてから石に植えつけます。

石付きに向く樹種

長寿梅のほかに、紅葉や皐月などの雑木類、五葉松や真柏などの松柏類が石付きに向いています。まだ細く柔らかい若木を用いるとよいでしょう。

1 根を整理したら、まず石の上に置いてみる。樹形とのバランスを考えて、配置する場所を決める。

2 長寿梅は根頭がんしゅ病を発症しやすいので、根の整理を終えたらアグリマイシン液（抗生物質製剤）につける。

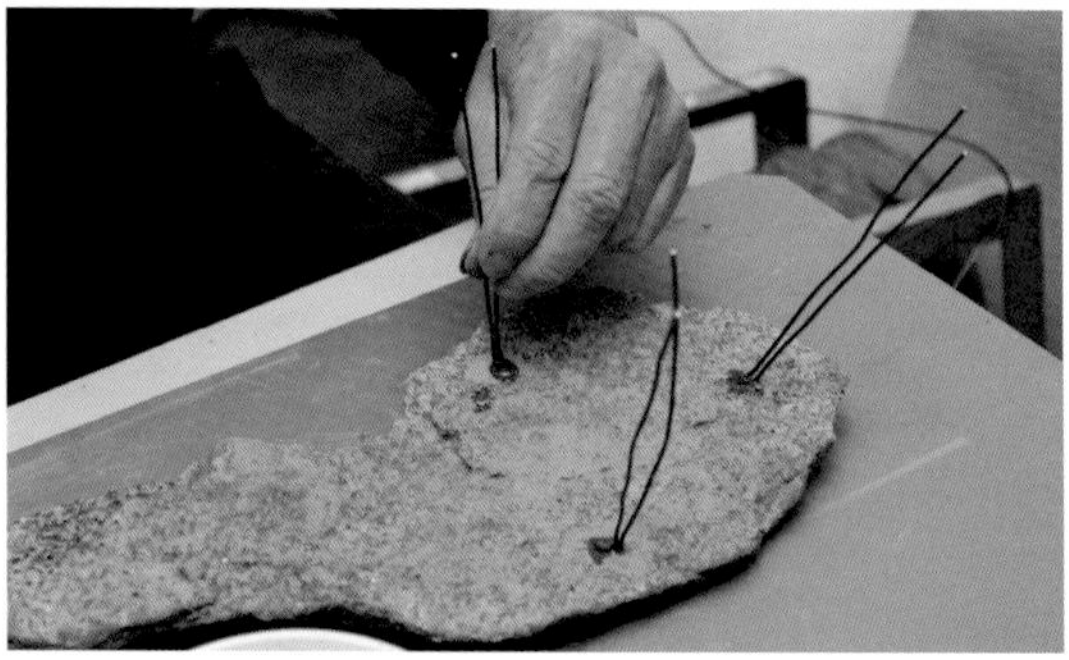

3 セメントと瞬間接着剤を混ぜてこね、樹を配置する位置を囲むように針金を立たせて固定する。

4 ケト土をこねて土団子を作っておき、針金の外側を取り囲む土手のように、丁寧に貼りつけていく。

5 周りを取り囲み、内側に用土を盛って土台が完成した状態。針金が取れないことを確認しておく。

6 盛った土の上に樹を配置する。石とのバランスをよく見て樹の向きや角度を決めたら、針金で根を固定する。

7 針金が見えないように土を盛る。樹の流れの先にコガネシダを添えて、流れを受け留める役割を与えた。

8 植えつけた状態と樹のバランスを見て、枝葉を切って全体の姿を整える。

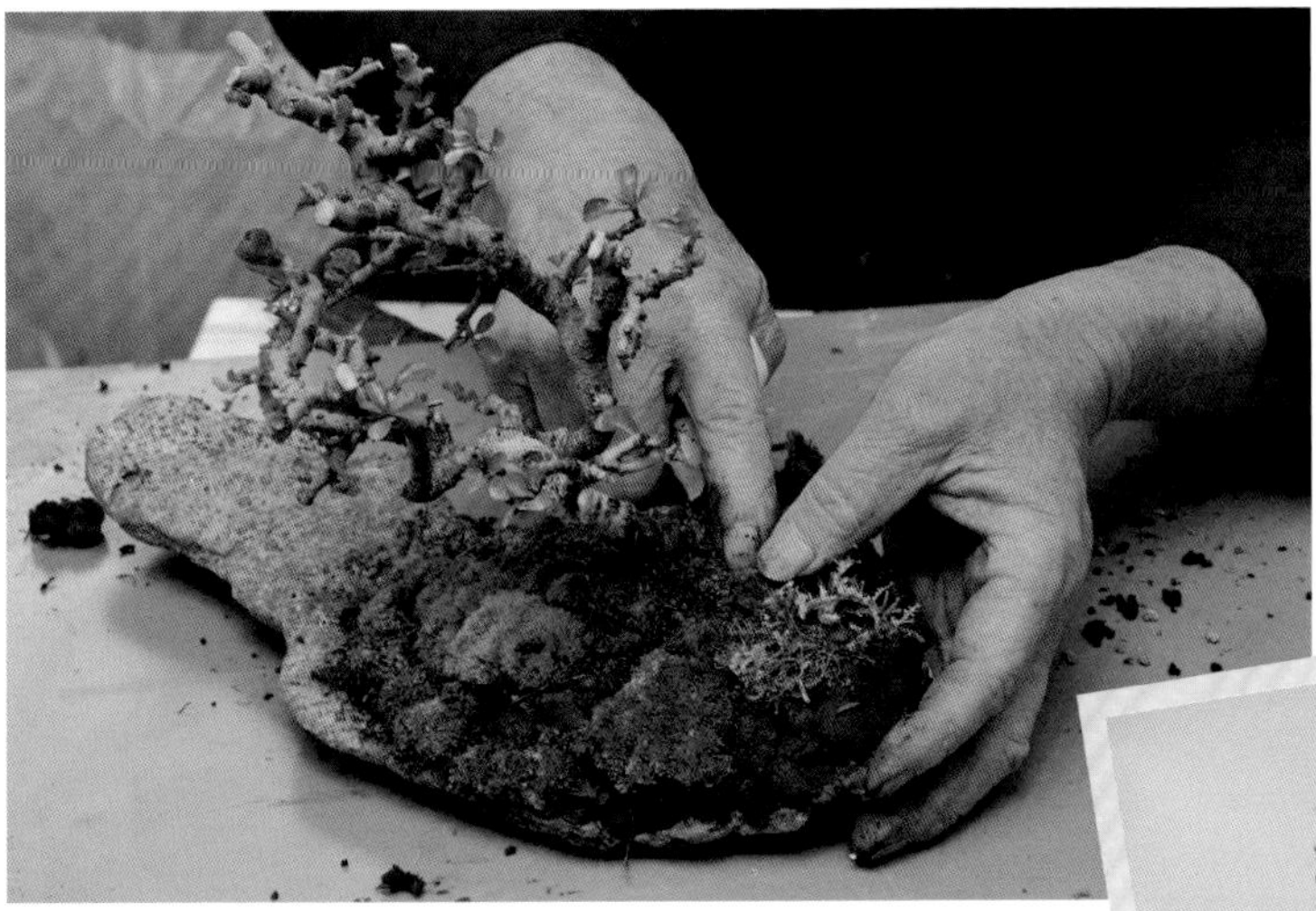

9 表面にコケを張る。

After

そり返った石のシルエットが活きるよう、平らな鉢に置く。

管理のコツQ&A

Q どこに置けばいい？

A 場所を選ばずよく育ちますが、過湿になると根が弱るので、日当たりと風通しのよい場所に置きましょう。

Q 水はどれくらい？

A 水切れを起こさないように、春と秋は1日に1回、夏は1日に2～3回、冬は2日に1回の割合で与えます。

Q 肥料はどれくらい？

A 梅雨と夏を除き4～10月の間に月1回の割合で有機肥料を置き肥します。年明けに果実を摘み取った後も肥料を与え樹勢を回復します。

Q 植え替えは何年おき？

A 若木は2年に1回、古木は2～3年に1回の割合で植え替えします。根の病気の出にくい秋に行いましょう。

Q どんな病害虫がつく？

A 根頭がんしゅ病、アブラムシとハダニに注意します。根頭がんしゅ病対策として植え替え時に根を抗生物質製剤につけて消毒します。アブラムシ、ハダニには定期的に殺虫剤を散布します。

深山海棠

ミヤマカイドウ

リンゴの仲間で、春に可憐な花を咲かせます。秋には愛らしい果実を実らせます。

深山海棠　白交趾楕円　75cm

栽培・作業・管理カレンダー

1月	2月	3月	4月	5月	6月	7月	8月	9月	10月	11月	12月
		植え替え（3〜4月）									
	剪定（2〜4月）							剪定（9〜11月）			
								肥料（9〜11月）			

和名	カイドウ
別名	ズミ、ミカイドウ
英名	kaido crab apple
学名	*Malus micromalus*
分類	バラ科リンゴ属
樹形	斜幹、模様木、懸崖など

改作の手引　空間を作り出して樹の線を活かす

深山海棠は、北海道から本州にかけて山野に分布するバラ科の落葉樹「ズミ」の総称で、リンゴの台木にも利用されます。秋には小さなリンゴに似た果実を実らせます。「ズミ」の名は、果実の酸味、あるいは染料に利用したことによります。深山海棠も黄や赤の愛らしい果実を鈴なりに実らせ、実海棠とも呼ばれます。近縁種に、紅色の花が美しい花海棠がありますが、深山海棠も蕾のうちは薄紅色で開くと純白に変わる花が見事です。

改作する樹は、絶妙な曲線が魅力です。しかし、この線を邪魔する枝が伸び、魅力を引き出し切れていません。不要な枝を外して空間を作り出し、それによって曲線を活かすことにします。

Before

剪定で解決

幹の流れを妨げる枝を取り除き、この樹の魅力を引き出す。➡P158

After

剪定

この樹の特徴は幹が描く線の面白さ。このよさを邪魔する枝を外して空間を作り出すことによって、線が活きてきます。

1 この樹の主役である幹の線を、2本の枝が邪魔している。線を活かすために、これらの枝を外す。

2 枝を1本外したところ。右側に張り出した枝がなくなり空間ができた。

3 **徒長枝《とちょうし》**は1芽か2芽を残した長さで切る。幹の流れに逆らって伸びる枝も外して、方向を整える。

! ポイント

2本の枝を引くことで空間を作り出す、引き算の作業も大切。

After

活かしきれていなかった幹の絶妙な曲線が、枝を整理することで生まれた空間によって強調された。左流れの不安定さは、深い鉢でバランスを取っている。

管理のコツQ&A

Q どこに置けばいい？

A 日当たりと風通しのよい場所に置きます。冬は室内で管理し、春の出芽時に日差しを当てると葉が小さくなり管理が容易です。夏は遮光して葉焼けを防ぎます。

Q 水はどれくらい？

A 鉢土の表面が乾いたら、鉢底穴から流れ出すくらいたっぷりと与えます。葉が大きい場合、水切れを起こしやすいので注意します。

Q 肥料はどれくらい？

A 秋に月1回の割合で与えます。力をつけたいときは開花期を除き、春から月に1回の割合で置き肥します。

Q 植え替えは何年おき？

A 細い根がよく発生するので2年に1回の割合で植え替えし、根を更新しないと根詰まりを起こします。

Q どんな病害虫がつく？

A アブラムシやカイガラムシがつくので、落葉期に殺虫剤を散布して予防します。植え替え時には根頭がんしゅ病対策を行いましょう。

卓コレクション

盆栽を飾る際の台として用いる卓には、丈の低い平卓、平卓より高い中卓、脚が長くて丈の高い高卓などがあります。

平卓は平地にどっかりと構える樹木や里山の風景を表現するのに適しています。中卓は半懸崖や吹き流しに用いると、持ち味を生かせます。高卓は山岳地や岩場、崖などの風景を演出する際に使うと効果が出ます。樹形、鉢の形を吟味し卓を選びましょう。

卓は高さや大きさだけでなく、装飾やデザイン、雰囲気も大きく異なり、材質も紫檀《したん》や黒檀《こくたん》、鉄刀木《たがやさん》などの唐木《からき》、花梨《かりん》や樺、桐、竹、桑など多種多様です。

ここでも大切なことは調和であり、盆栽とのバランスを考えて選ぶことがポイントとなります。

紫檀反足平卓《したんそりあしひらじょく》
53×27×5cm
簡単な線の卓には洒脱な文人木を。

紫檀蕨足喉付卓《したんわらびあしのどつきしょく》
43×43×45cm
格調高い卓には古色を帯びた梅の半懸崖を合わせたい。

斑竹塗天板飾付長方卓《はんちくぬりてんばんかざりつきちょうほうしょく》
51.5×36×10cm
新春に金豆、夏は若葉の紅葉が竹の節の味わいとなじむ。

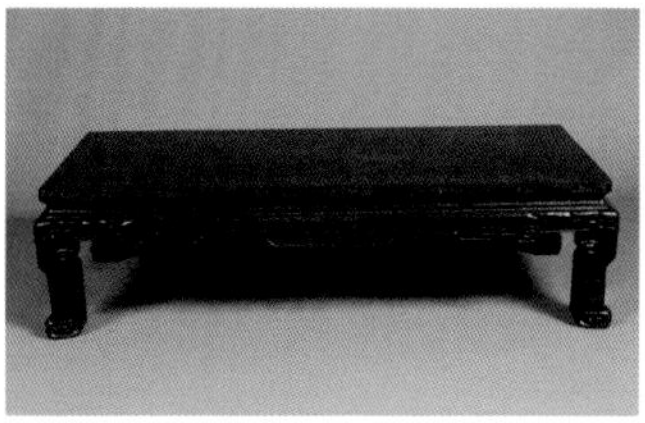

紅花梨反足平卓《べにかりんそりあしひらじょく》
73×47×18cm
冬の落葉樹を合わせると紅色のぬくもりが彩を添える。

紫檀天然彫高卓《したんてんねんぼりこうじょく》
49×35×64cm
力強い天然彫は懸崖の椿や松柏を受け止める。

紫檀菊透天拝机卓《したんきくすかしてんぱいきしょく》
76×43×30cm
鳥居を思わせる形状は太幹の黒松に品格を与える。

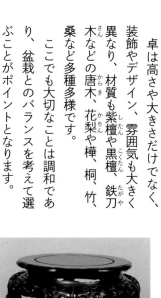

連翹

レンギョウ

春、枝一面にあでやかな黄色い花をつけます。枝は長く伸び、先にいくほど垂れ下がります。

連翹　北京窯浮模様六角　50cm

栽培・作業・管理カレンダー

1月	2月	3月	4月	5月	6月	7月	8月	9月	10月	11月	12月
		植え替え					植え替え	植え替え			
			剪定	剪定					剪定		
			肥料	肥料				肥料	肥料		
				針金かけ	針金かけ	針金かけ	針金かけ				

和名	レンギョウ
別名	イタチグサ
英名	Golden bell flower
学名	*Forsythia suspensa*
分類	モクセイ科レンギョウ属
樹形	懸崖、株立ち、模様木など

改作の手引　豆盆栽に遊び心を加える

After

Before

植え替えで解決

花色が活きる鉢を選んで、コンパクトに植え替える。➡P162

中国原産で、春の陽だまりのような美しい黄色い花を枝一面につけることから、庭木などに植えられてきました。詩人、彫刻家の高村光太郎が好んだ樹としても知られ、命日は「連翹忌」と呼ばれています。根元から**ひこばえ**を出して**株立ち**になることが多く、枝は延びて垂れ、地面につくと根を出します。

ここでは、黄色い花色がよく映える白色の鉢を合わせて、愛らしい豆盆栽仕立てにします。植えつける際には角度をつけ、風情を出します。

植え替え

鮮やかな黄色い花を引き立てる白色の鉢に植えて、愛らしい豆盆栽に仕立てます。飾り棚にも気を配り、全体の世界を大切にします。

1 鉢から出して古土をほぐし、水洗いして根の状態を見る。鉢に合わせて不要な根を切る。

2 やや斜めに植えて流れをつける。配置を決めたら鉢底にセットした針金で固定し、土を盛ってコケを張る。

枝ぶりが右流れなので、左流れの石を添えて遊び心を加え、飾り棚と一体化させた。

管理のコツ Q&A

Q どこに置けばいい？

A 日当たりと風通しのよい場所に置きます。日陰に置くと花つきが悪くなります。夏は西日を避け、冬は軒下に移動します。

Q 水はどれくらい？

A 鉢土の表面が乾いたら、鉢底穴から流れ出すくらいたっぷりと与えます。開花中の水切れには注意しましょう。

Q 肥料はどれくらい？

A 春と秋に月1回の割合で置き肥をします。開花中に液肥を与えると樹勢が衰えません。

Q 植え替えは何年おき？

A 根の生長が旺盛なので、1年に1回の割合で植え替えを行って根を更新しましょう。根を切ったら徒長枝《とちょうし》も切り戻してバランスを取ります。

Q どんな病害虫がつく？

A カイガラムシがつくことがあるので、落葉期に殺虫剤を散布します。

添《てん》配《ぱい》コレクション

添配とは、盆栽を引き立たせ、風景や情感などを演出する小物のことです。人物や動物、海の生き物、建物など様々な種類があり、盆栽に添えることで、そこに物語性を生み出すことができます。

水辺を表現したければ水鳥や渡し船を置き、風流な感じを出したければ、東屋を置きます。藁葺き屋根の小さな家を置いて、日本人の心の古里や、幼い頃に見た懐かしい風景を表現するという使い方もあります。

素材も陶器、鉄製、木製、銅製など多種多様です。添配を使う際のポイントは、その特徴が盆栽の持ち味を引き立たせるものであることと、サイズが合っていることです。添配だけが目立つようでは、雰囲気を壊すことになります。

黒松と木彫りの翁の添配を合わせ、能舞台の景色を表現した床飾り。

茅舎

葉を楽しむ雑木盆栽と合わせれば春の新芽がより飾り映えする。

古銅船

株立ち樹形の盆栽に合わせれば水面に風が吹く様を表現できる。

神猿

「まさる（魔、去る）」と読む魔除けの化身。おめでたい正月に添える。

うずら

秋、実物に合わせれば冬籠りに備える様子を表現できる。

黄梅

◆◆◆ オウバイ ◆◆◆

春先に、梅と似た鮮やかな黄色い花を咲かせます。原産地の中国では、迎春花と呼ばれています。

改作の手引　ぼんやりした樹形に個性を与える

開花時期が同じで、よく似た花をつけることから梅の名がつきますが、中国原産の別種の植物。早春の葉が出るより前に開く花には、香りもほとんどありません。次々に開く暖かみのある黄色い花が愛され、観賞用に庭などに植えられるほか、**小品盆栽**によく仕立てられます。

緑色の四角い若枝は、春から盛んに枝分かれして伸びます。半つる性で、下垂して地面につくと節から根を出します。

この樹は**株立ち**に仕立てます。枝葉が伸びて樹形がぼんやりしているので、**根張り**から順に全体を見ていき、トータルで一番よいところを**正面**にします。残す幹を決めたら、伸びた樹形も枝葉を整理して形作ります。

Before

剪定で解決
枝が伸びて樹形がはっきりしないので、不要な枝葉を切る。➡P165

植え替えで解決
花色に合う鉢の色を選び、根を整理して植えつける。➡P166

針金かけで解決
残した幹に合わせ、針金をかけて枝順を整える。➡P165

2～3月にかけて直径2cmほどの花をつける。

栽培・作業・管理カレンダー

1月	2月	3月	4月	5月	6月	7月	8月	9月	10月	11月	12月
		植え替え	針金かけ								
			剪定	剪定	剪定	剪定			剪定		
		肥料	肥料					肥料			

和名	オウバイ
別名	迎春花
英名	Winter jasmine
学名	*Jasminum nudiflorum*
分類	モクセイ科ソケイ属
樹形	双幹、模様木、株立ち、懸崖など

STEP 1 剪定

株立ちに仕上げるにあたり、どの幹を残すかを決めます。**立ち上がり**がきれいで上品なものを残すことにし、全体を整えます。

1 徒長する若い枝はどんどん伸びるので、幹とのバランスを見ながら外していく。

2 不要な幹と目立つ**走り根**も落とす。根元はこぶ切りばさみなどで整え、傷口に被覆塗布剤を塗る（→ P112）。

3 竹の割りばしなどで鉢土の表面をほぐし、根の張り具合と、太い枝がないかどうかを確かめる。

STEP 2 針金かけ

枝葉の整理が済んだら、幹に針金をかけてシルエットを作っていきます。途中で不要な枝が見つかれば切ります。

ポイント

針金かけの途中で**主木**に**頭**が２つあることが判明。片方を落とす。

1 まず幹に太い針金を、次に枝に、太さに合った針金を根元から巻いていく。

剪定と針金かけが終了。6本の株を5本にした。必ずではないが、日本では奇数が美しいとされる。

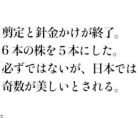

STEP 3

植え替え

古い鉢から取り出して、古土をほぐして根の状態を見極め、不要な根を切り詰めます。よく水洗いしてから鉢に植えつけます。

1 古い鉢から取り出しにくい場合は、鉢の周囲に沿ってレイキで土をほぐすとよい。

2 根をほぐして古い土を落とし、決めた角度を保つようにして鉢に入れ、用土を入れていく。

3 黄色い花色が映える白の鉢に植えつけ、鉢底の針金で固定する。その後、土を盛りミズゴケを張る。

After

管理のコツQ&A

Q どこに置けばいい？

A 日当たりと風通しのよい場所に置きましょう。夏は半日陰となる場所、冬は日当たりのよい軒下に移すようにします。

Q 水はどれくらい？

A 乾燥に強い性質を持ち、逆に過度に湿度が高い状態では根腐れを起こしやすいという特徴があります。鉢土の表面が乾いてから水を与えるようにしましょう。

Q 肥料はどれくらい？

A 春と秋に月1回の割合で固形肥料を置き肥しましょう。

Q 植え替えは何年おき？

A 2年に1回の割合で春に植え替えをします。根の生長が旺盛なので、植え替え時に思い切りよく根を整理しましょう。

Q どんな病害虫がつく？

A 春先のアブラムシに気をつけるくらいで、特に病害虫を心配する必要はありません。

掛け軸と合わせる

床の間に盆栽を飾る際には、掛け軸と合わせることで、その味わいを深めて、季節感や物語を演出することができます。

盆栽と掛け軸を一緒に飾る場合、主役はあくまで盆栽ですから、掛け軸の方が目立つようでは邪魔になります。大切なことは、盆栽との調和が取れて、盆栽を引き立てる絵柄であること。人物画など存在感のあるものは避け、月や雲、遠山、滝など、少し控えめな絵柄を選ぶことがポイントです。

風景を扱った山水画には、春夏秋冬が表現されており、朝や昼、夕方、夜の気配を描いた作品もあります。盆栽を飾る際に、どの季節の、いつの時間を表現できるかを想像しながら掛け軸を選ぶのも面白いと思います。

合歓　軸「蝶」

花の香りに誘われた蝶を表した、華やかさと遊び心を感じさせる組み合わせ。

掛け軸の各部名称

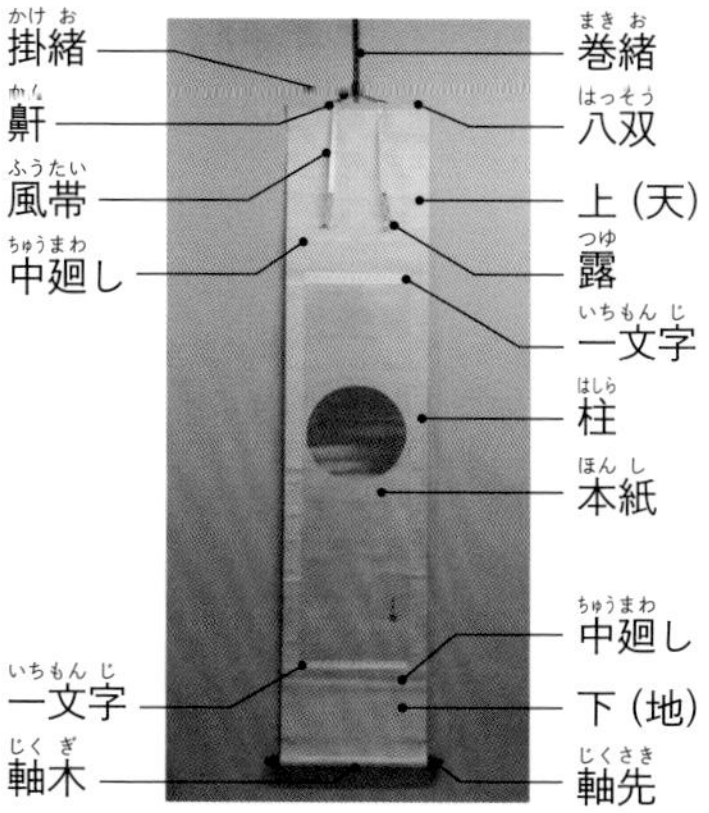

黒松「黒龍」　軸「千山一白《せんざんいっぱく》」

漁村に訪れる寒波を描いている。えぐり取られた幹を持つ黒松が雪に耐えて佇む姿を引立てる。

采振木《ざいふりぼく》　軸「山花開似錦《さんかひらきてにしきににたり》」

山の花が開く様子はまさに錦織りのようにきらびやかである、との意味。力強い太幹に咲く可憐な白花の美しさが端正な楷書体の書で格調を増している。

山茱萸

サンシュユ

春、葉に先駆けて黄色い小花を枝一面に咲かせます。秋に実る果実も美しく、「秋珊瑚」の名もあります。

山茱萸　広東釉丸　100cm

栽培・作業・管理カレンダー

1月	2月	3月	4月	5月	6月	7月	8月	9月	10月	11月	12月
			植え替え								
針金かけ											
		剪定									
			肥料		肥料			肥料			

和名	サンシュユ
別名	秋珊瑚、ハルコガネバナ
英名	Japanese cornel
学名	*Cornus officinalis*
分類	ミズキ科ミズキ属
樹形	模様木、直幹、斜幹

改作の手引　剪定で、やわらかい樹形に仕立てる

After

Before

剪定で解決

枝が多いので、樹形を考えながら、先端を少しずつ切る。➡P170

中国・朝鮮半島原産で、果実の薬用利用のために渡って来たのが最初です。よく分岐する枝は、春、葉より先に咲く小花で黄色く染まり、秋になると、今度は楕円形の果実で紅色に染まります。灰褐色の樹皮は、古くなると剥げ落ちて独特の風貌になります。現在では庭木としてよく植えられ、盆栽としても親しまれています。

　この**模様木**の樹は大きな改作は必要なさそうです。開花した姿をイメージして、剪定してやわらかい樹形を作り、全体を整えることにします。

剪定

全体のバランスを考えて剪定していきます。枝先をやわらかく、自然にほぐれるようなイメージの樹形を目指します。

1 不揃いに伸びて目立つ枝を落とす。一枝にひとつの芽を残せば後で吹いてくる。

2 剪定を終えたら、石灰硫黄合剤に頭からつけておく。冬の間に手当すると、虫がつかない。

花の咲き様を意識して不要な花芽をカットし、全体のバランスを見ながら自然な樹形に整えた。

After

管理のコツQ&A

Q どこに置けばいい？

A 日当たりと風通しのよい場所に置きます。夏は西日を避け、冬は霜を避けるために軒下に移動させます。

Q 水はどれくらい？

A 水を好むので鉢土の表面が乾いたら、鉢底穴から流れ出すくらいたっぷりと与えます。夏場は水切れを起こしやすいので注意しましょう。

Q 肥料はどれくらい？

A 春、初夏、秋に月1回の割合で、有機肥料を置き肥にします。

Q 植え替えは何年おき？

A 2年に1回の割合で植え替えします。古い土をできるだけ取り除き、根を3分の1くらい切り詰めましょう。

Q どんな病害虫がつく？

A アオイラガというガの幼虫が5月ごろに発生することがあります。葉や芽を食害されるばかりか、刺されると激痛に襲われます。見つけたら竹の割りばしなどを使って取り除きます。

実物盆栽

Mimono-bonsai

花が咲く前

実を楽しむことを目的とする実物盆栽ですが、実をつけるためには花を咲かせないといけません。そこでまずは花芽を多くつけるための管理が必要となります。

日当たりのよい場所に置いて水や肥料を与えますが、水や肥料が多いと**徒長枝**《とちょうし》が出て花芽がつきにくくなってしまうので、与えすぎに注意します。徒長枝が出ても、ある程度伸ばしてから切りましょう。すぐに切ると次々に枝が出て花芽がつきにくくなる場合があります。

実物盆栽の多くが7月下旬から8月にかけて花芽をつけます。この時期までの間に枝を充実させるため、**芽摘み**は5月には終わらせておきたいところです。芽摘は枝が伸びるにつれ、2〜3芽残して先端を摘みます。

花芽が充実してきたら、種類によっては別の株を用意する必要があります。雌雄異株の柿や蔓梅擬は交配用の雄木を用意します。ひとつの株に雄花と雌花をつける両性花でも、別の株や近縁種を用意したほうがよいものもあります。姫林檎は海棠を、木通の紫花は白花を、梔子も違う品種を用意した方が結実性が高まります。

別の株を用意する

雌雄異株の木は交配用の雄木を２株以上用意する。両性花の木でも別の株や近縁種を用意した方が結実しやすいものは、やはり別の株を用意する。

芽摘み

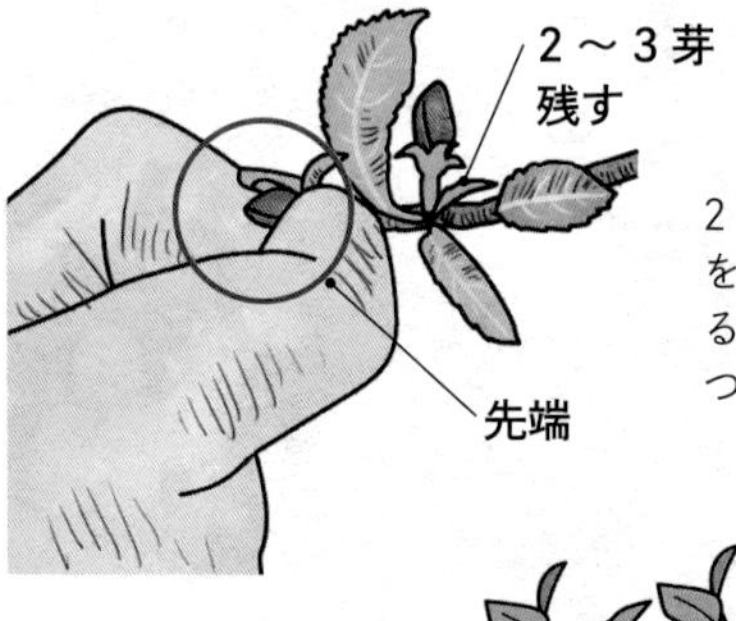

２〜３芽残して先端を摘む。その後伸びる２番芽に花芽がつく。

徒長枝の管理

徒長枝には花芽がつかないので元から切り取る。ただし、早いうちに剪定すると花芽がつきにくくなるので、一度伸ばしてからが基本。

花が咲いた後

花が咲いたら確実に結実させるために人工交配を行います。結実性の高い紅紫檀や金豆などには必要ありませんが、自家結実性の低い梔子や集合果の美男葛などの木は人工交配をして確実に結実させたいものです。人工交配は雄しべ、あるいは雄花を切り取り、雌しべ、あるいは雌花に触れさせます。刷毛や筆を使い花粉をつけてもよいでしょう。

結実したら樹木の大きさに合わせて、実の数を管理します。花梨のように大きな果実をつける場合は、小さい株なら1～2個、大きな株でも4個ほどにしたほうがよいでしょう。

また果実をつけ続けることは木の体力を消耗することなので、年が明けたら実を全て摘み取り樹勢を回復させましょう。

なお、開花・結実中は水切れを起こさないような水やりを心がけ、結実中は肥料を与えるようにすると実持ちがよくなります。摘果後は肥料を与え、来年の芽出しに備えます。

人工交配

姫林檎の人工交配

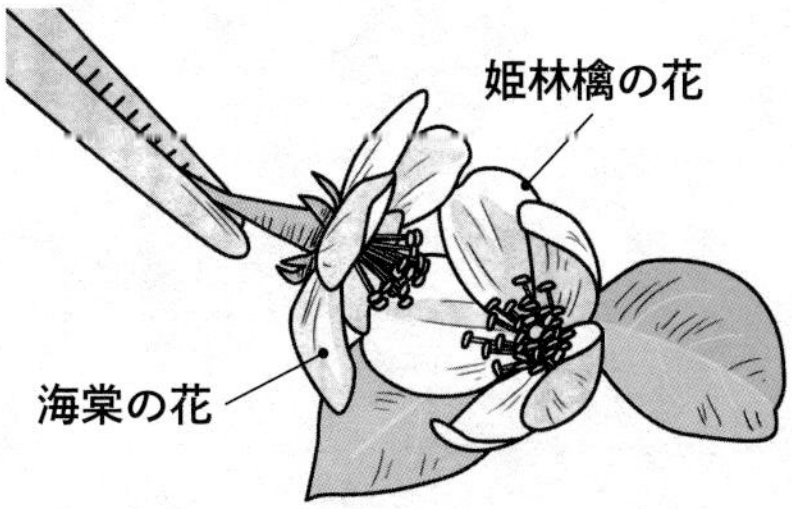

美男葛の人工交配

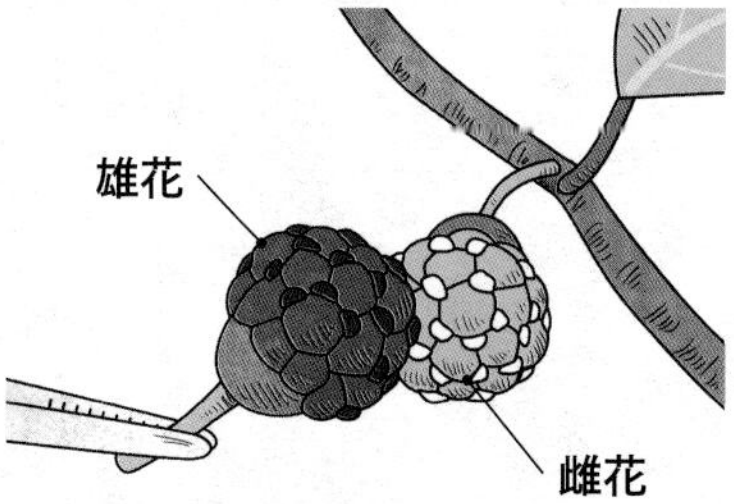

ピンセットを使い雄しべを雌しべに触れさせると確実に結実する。雌雄異株の場合は、雄花を雌花に触れさせる。花びらが邪魔な場合は取り去ってよい。

摘果

実をつけることは木の体力を奪うため、盆栽では実をたくさんつけることはできない。年明けには摘果して樹勢を回復させる。

実の数の管理

結実したら残す実を選び、他はすべて摘み取る。残す数は小さな盆栽なら1個～2個、大きな盆栽でも、4個ほど。1か所に複数の実がついている場合は、1つだけ残して、あとは摘果する。

木通　和八角　67cm

木通

アケビ

つる性の落葉低木で掌状に広がる5枚の小葉のほか、春に咲く雌雄別の花や、食用にもなる紫色の果実が楽しめます。

栽培・作業・管理カレンダー

1月	2月	3月	4月	5月	6月	7月	8月	9月	10月	11月	12月
		植え替え						植え替え			
			針金かけ	針金かけ	針金かけ	針金かけ					
		剪定	剪定	剪定				剪定	剪定		
			肥料	肥料				肥料	肥料		

和名	アケビ
別名	通草、山女
英名	Fire-leaf akebia
学名	*Akebia quinata*
分類	アケビ科アケビ属
樹形	模様木、斜幹、懸崖など

改作の手引　ゴツゴツした姿をやわらかに整える

After

Before

剪定で解決

混み合った枝葉とつるを切って樹形を整える。➡P176

植え替えで解決

根を整理して、新しい鉢に植え替える。➡P177

野山に自生し、つるを伸ばして生長します。春にはひとつの花穂に数個の雌花と、多数の雄花を咲かせます。紫色の花は花弁ではなく萼《がく》です。果実は熟すと割れて、半透明の甘い果肉がのぞきます。果樹として植えられますが、盆栽としても楽しめ、よく伸びるつるを剪定し、授粉させれば結実します。

改作する樹は仲間の三葉《みつば》木通という種。不揃いに伸びた枝葉や太ったこぶの始末が必要です。**幹肌**がゴツゴツしやすいので、意識してやわらかく仕立てましょう。

STEP 1 剪定

不揃いに伸びたつると枝葉を剪定し、一か所から何本も枝を出す**車枝**も外します。また、いくつも膨らんだこぶを切ります。

1 何本も枝が出てこぶ状になっている箇所は、バランスを考えて不要な枝を外しておく。

2 こぶ切りばさみを使ってこぶを切り落とし、自然に朽ちて細くなっていくように見せる。

ポイント

大きな傷口には、被覆塗布剤（→ P112）で手当てをしておく。

この樹はゴツゴツしがちなうえに、こぶが目立っていたので、こぶを外して全体をやわらかくした。

管理のコツ Q&A

Q どこに置けばいい？

A 日差しを好むので、日当たりと風通しのよい場所に置きます。

Q 水はどれくらい？

A 水を好むので、鉢土の表面が乾いたら、鉢底穴から流れ出すくらいたっぷりと与えます。夏は特に水を求めるので**水切れ**を起こさないように注意しましょう。冬は休眠するため与えすぎに注意します。

Q 肥料はどれくらい？

A 春と秋に月1回の割合で固形肥料を置き肥しましょう。

Q 植え替えは何年おき？

A 2～3年に1回の割合で植え替えをします。根詰まりを起こさないよう植え替え時に根を整理しましょう。

Q どんな病害虫がつく？

A うどん粉病が発生しやすく、果実に発生すると美しさを損ねるので注意しましょう。またアブラムシは見つけ次第駆除しましょう。

STEP 2 植え替え

鉢から根を取り出し、地上部に合わせて根も短く整理します。ここでは、根の表側に針金を渡さない根留めを行います。

1
鉢底から出した針金に、竹の割りばしの頭の部分を取りつけて根留めを作る。

匠の技！ Takumi no waza

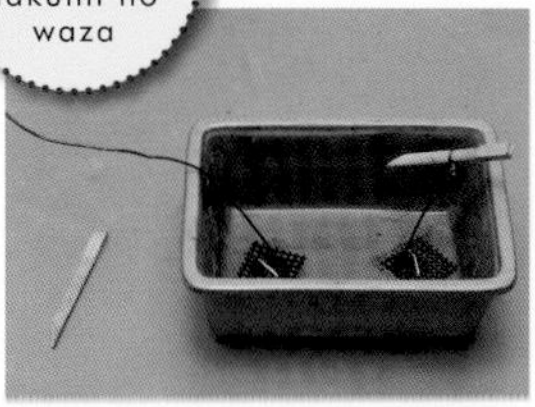

鉢底の根留めの応用方法。**根張り**が大きく針金が通らないときなどに有効。

2
根留めの針金の長さを調節したら、2個とも根元に打ち込む。上から見えなくなるまで叩いて埋める。

3
植えつけたらミズゴケを張って完成。気になるこぶは、切り出しナイフで整えて自然な趣を出す。

After

柿

カキ

樹は小さくとも、枝一面に果実をつける姿に秋の風情があります。果実の形や色などの違う、さまざまな品種が作られています。

柿　南蛮丸　63cm

栽培・作業・管理カレンダー

1月	2月	3月	4月	5月	6月	7月	8月	9月	10月	11月	12月
							植え替え			剪定	
				葉刈		針金かけ			針金かけ		
			肥料				肥料				

和名	カキ
別名	カキノキ
英名	Kaki persimmon
学名	*Diospyros Kaki*
分類	カキノキ科カキノキ属
樹形	斜幹、模様木、文人、懸崖、寄せ植えなど

改作の手引　たわわに実をつけてしなる枝ぶりを再現

澄んだ秋空を背景に、濃い橙色の果実をたわわに実らせる柿は、日本の里山の風景を思い起こさせます。

改作する樹は柿の仲間の老爺柿《ろうやがき》。中国原産で、日本に渡ってきたのは第二次世界大戦の頃と伝えられます。渋柿のため食用にはなりませんが、庭木や盆栽として人気です。羽根つきの羽に似た実をつける植物のツクバネに例えたツクバネガキという和名もあります。雌雄異株で、雄木と雌木を一緒に育てると結実します。

盆栽では、枝はたおやかに、果実や雪の重さで自然に垂れ下がる姿を表現したいものです。縦の線を効果的に使うことで、樹に動きを与えることができます。目指すところは、不自然ではない「柿らしさ」です。

Before

剪定で解決

枝数を減らして、枝と枝との空間を調整する。➡P180

針金かけで解決

自然に下がる枝の風情を表現するとともに、立体感を出す。➡P181

After

STEP 1 剪定

全体をよく見て伸びた枝、不要な枝を整理していきます。剪定するときには、水平の枝だけでなく縦の線や奥行きも意識します。

1 少し離れたところから樹全体を眺め特徴を掴む。細い枝が混み合って大事な枝を隠している箇所から手をつける。

2 不要な枝を外す。奥行の出る**裏枝**は欲しいが、**差し枝**を活かすため長すぎるものは切る。

管理のコツ Q&A

Q どこに置けばいい？

A 日なたでも日陰でも大丈夫です。実つきをよくしたい場合は、日当たりと風通しのよい場所に置きましょう。

Q 水はどれくらい？

A 鉢土の表面が乾いたら、鉢底穴から流れ出すくらい与えます。夏の水切れは落葉の原因です。高温多湿だと根腐れを起こしやすいので梅雨時は軒下などに移します。

Q 肥料はどれくらい？

A 多めに与えると花つき、実つきがよくなります。春、芽吹きの時期から与え始め、開花期は一旦控えます。真夏は水代わりに薄めた液肥を与えてもよいでしょう。

Q 植え替えは何年おき？

A 2年に1回の割合で植え替えします。梅雨明けから夏にかけての時期に行えば、樹勢が保てます。

Q どんな病害虫がつく？

A アブラムシ、カイガラムシ、うどんこ病、すす病など。対策として、夏に定期的に殺菌殺虫剤を散布します。

STEP 2 針金かけ

果実の重みで枝をしならせる樹の姿をイメージして、枝ぶりを作ります。縦の線を入れると動きが出ます。

1 丁寧に針金をかけていく。作業の過程で不要な枝があれば、随時外していく。

2 両手を使って枝を曲げていく。曲げるときは、針金を背中にしてゆっくり指で押すこと。

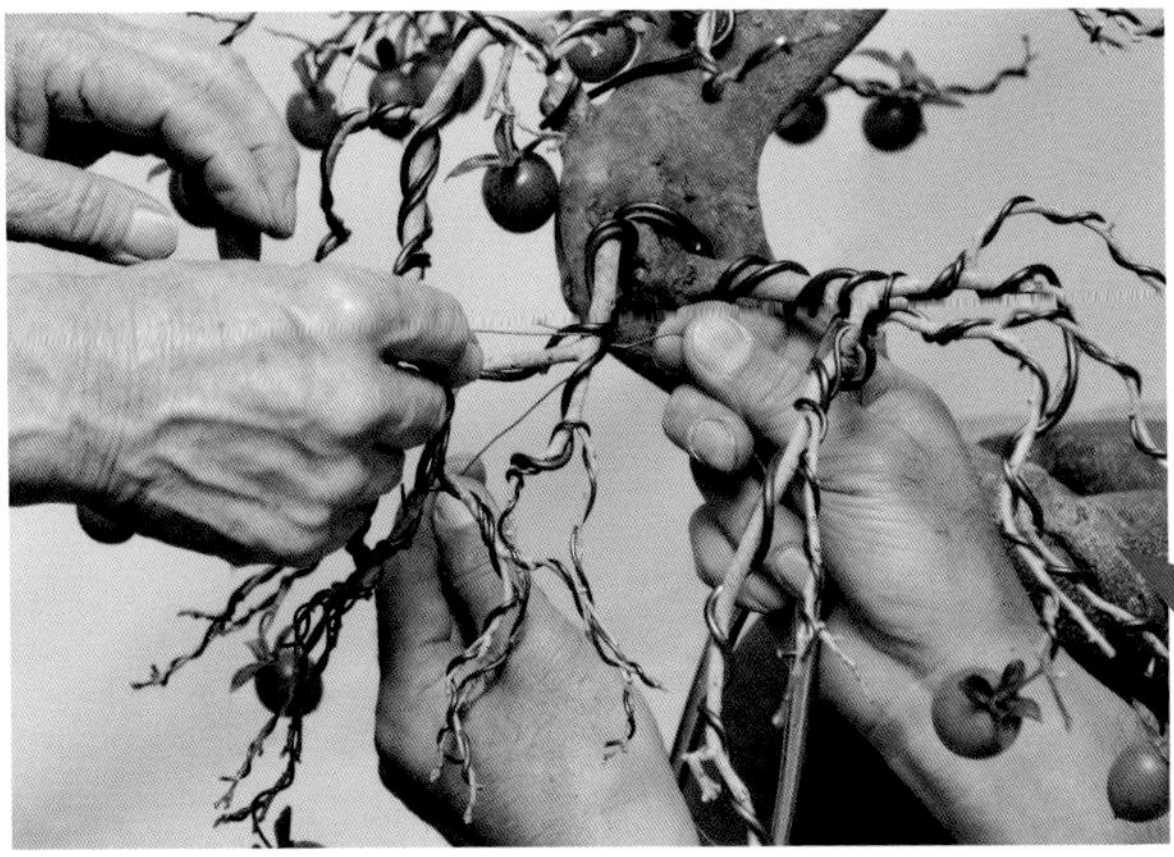

3 銅線を渡して枝を下げる。この樹の引き根の強さを左側に流して、逃す効果もある。

ポイント

強い**引き根**も個性として活かし、樹の流れを作る。

4 針金で形作る際には、自然なカーブを描くように全体のバランスを見ながら1本ずつ枝を下げる。

After

蔓梅擬

ツルウメモドキ

晩秋の枯れた山野で、色鮮やかな果実が目立ちます。黄葉する葉も美しく、風情があります。

蔓梅擬　九谷武山　27cm

栽培・作業・管理カレンダー

1月	2月	3月	4月	5月	6月	7月	8月	9月	10月	11月	12月
	植え替え	植え替え									摘果
	剪定	剪定							剪定	剪定	
針金かけ	針金かけ	肥料	肥料					肥料	肥料		針金かけ

和名	ツルウメモドキ
別名	ツルモドキ
英名	Oriental bittersweet、Asian bittersweet
学名	*Celastrus orbiculatus*
分類	ニシキギ科ツルウメモドキ属
樹形	懸崖、模様木、根連なりなど

改作の手引　枝葉を整理して、樹全体に流れをつける

北海道から沖縄まで広く山野に分布し、つるを伸ばして他の樹などに巻きつくように生長します。初夏に葉腋につく黄緑色の小花はあまり目立たず、この樹がもっとも美しく彩られるのは、他の木々が葉を落として山野が色味を失う晩秋です。花の後につく球形の果実は、黄色く熟すと三つに裂けて中から赤い種子が顔をのぞかせ、その姿は枝いっぱいに花を咲かせたように華やかです。

生け花やリースなどにも利用されますが、盆栽では黄葉する葉と果実の、秋ならではの趣を楽しみます。雌雄異株なので、雄木と雌木を揃えると多く結実します。

改作する樹は枝葉が不揃いで樹形が定まらないので、全体を剪定して整え、風を感じるような流れを持つ**吹き流し**の樹形を作ります。

Before

剪定で解決

不揃いに伸びた枝葉を切り、全体をすっきりさせる。➡P184

針金かけで解決

樹全体に風の流れを感じるような姿に仕立てる。➡P185

After

STEP 1 剪定

全体的に伸びて乱れた樹形に、手を入れていきます。この樹は左に流れているので活かすことにし、不要な枝を外します。

1 まず、角度を変えながら全体の姿を確認し、どの枝を活かすかをイメージする。

2 水切れで枯れた枝が多く残っているので、順次切り落として全体を整える。

3 こぶになっている部分や太い枝を外した跡は、こぶ切りばさみで短く切り詰めておく。

左に流れる形が見えてきたが、まだぼんやりとしてしまりがない。

管理のコツQ&A

Q どこに置けばいい？

A 日陰でも育てられますが実つきが悪くなるので、日当たりと風通しのよい場所に置きましょう。実がついた後は、半日陰に移した方が葉の傷みを抑えられます。

Q 水はどれくらい？

A 水は多めに与え、水はけよく育てます。春は1日1～2回、夏は1日2～3回、冬は2～3日に1回の割合で与えるとよいでしょう。水やりの回数を多くできない場合は半日陰で育てます。

Q 肥料はどれくらい？

A 芽吹きの頃から与え、開花から結実までの間は中止し、結実後に再開するとよいでしょう。

Q 植え替えは何年おき？

A 根の生育が旺盛なので、毎年、植え替えをして根を整理しましょう。

Q どんな病害虫がつく？

A アブラムシ、ハダニがつきやすいので、芽吹き前に殺菌殺虫剤で予防します。

STEP 2 針金かけ

自然の風の流れを感じるように、形作っていきます。つる性で癖がつきにくいので、多少オーバーに形をつけても大丈夫です。

1 枝１本の先端まで流れを意識して曲げていく。重なる枝の調整も必要だが、奥行きも意識する。

匠の技! Takumi no waza

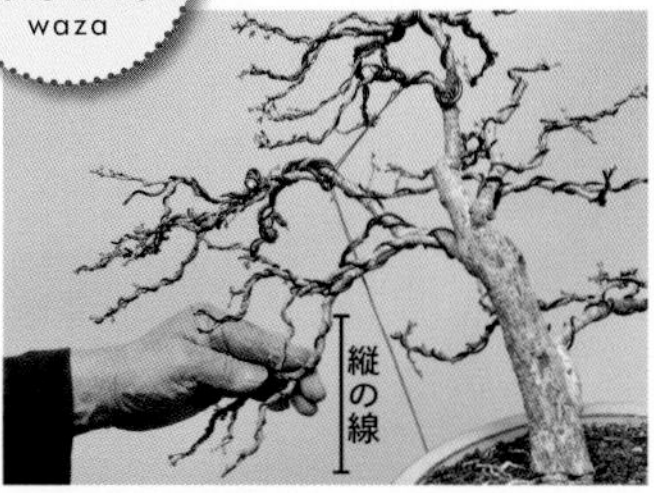

流れをつけるには、水平だけでなく縦の線を意識する。

2 頭を下げるために、鉢の下から銅線を伸ばして株の頭と枝に渡し、引っぱる。

3 この樹は、根が幹を巻くように伸びているので、今のうちに外しておく。

やや背中側から見たところ。枝の縦横、奥行きの関係性を考えて、初めて正面の姿が活きる。

After

姫林檎

ヒメリンゴ

真っ赤な小さい果実が鈴なりについて見事です。春には、可憐な白い花を咲かせます。

姫林檎　伊万里染付外縁長方 24cm

栽培・作業・管理カレンダー

1月	2月	3月	4月	5月	6月	7月	8月	9月	10月	11月	12月
				針金かけ	針金かけ				植え替え		
	剪定			剪定					剪定		摘果
					肥料	肥料		肥料	肥料		

和名	ヒメリンゴ
別名	イヌリンゴ、エゾリンゴなど
英名	Plumleaf Crabapple
学名	*Malus cerasifera*
分類	バラ科リンゴ属
樹形	斜幹、模様木、懸崖など

改作の手引　角度と空間を意識して、全体に趣を出す

果樹のリンゴと同じバラ科の落葉低木で、園芸品種として作出されたため、自然の分布はありません。「姫」の名の通り小ぶりな姿ながら、春には薄桃色の蕾から可憐な白い花が開き、秋になると、直径2㎝ほどのミニチュアのリンゴといった趣の果実がぶら下がります。果実は食用には向かず観賞用に植えられ、盆栽でも人気があります。カイドウや他のリンゴの品種と人工授粉すると、実のつきがよくなります。

改作する樹は、鉢の中央に植えられて安定感はよいのですが、面白みに欠けます。あえて角度と配置を変えることで、樹に流れと空間を作り出し、それに合わせて樹に動きを与えます。盆栽ならではの楽しみ方です。

Before

剪定で解決

樹形を邪魔して目立っている太い枝の切り跡を整える。➡P188

針金かけで解決

樹全体の流れを意識して、枝の向く方向を決める。➡P188

After

STEP 1 剪定

この樹は鉢の中央にあり、落ち着いていています。あえて角度をつけて動きを与えることにして、同時に全体を整えます。

1 一旦、鉢から抜き、右寄りの位置に角度をつけて置き直す。それにより、全体に空間と流れが生まれる。

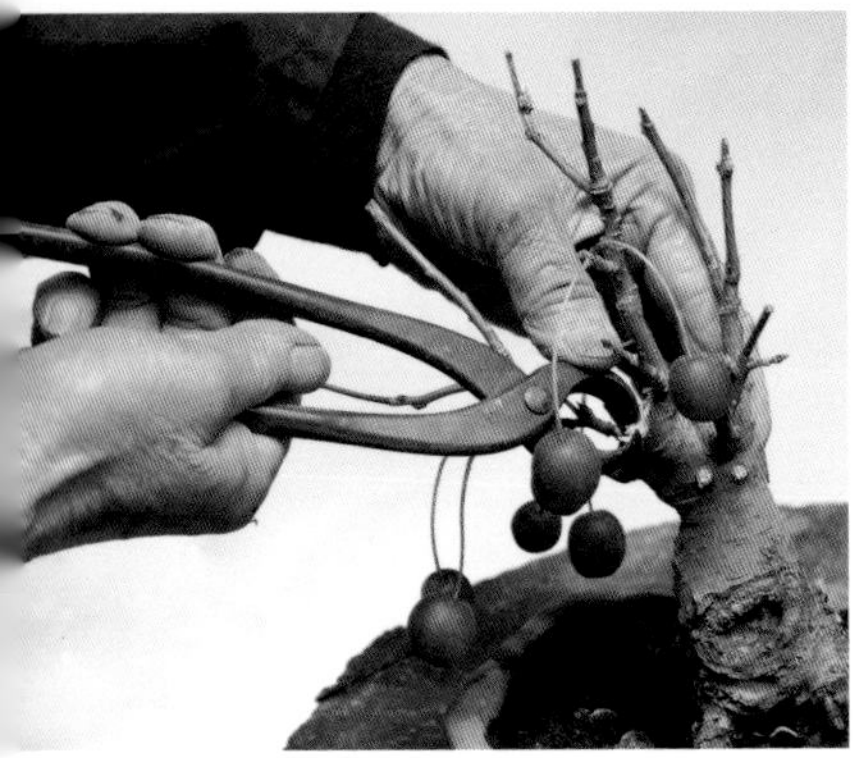

2 幹の中心に残る太い切り跡を短く切り詰め、目立たないようにする。不要な枝も外す。

STEP 2 針金かけ

樹に左流れができたので、針金をかけて枝に方向をつけ、さらに動きを出します。枝と鉢の間に、絶妙な空間も演出できます。

1 細心の注意を払って針金を巻き、バランスを見ながら枝の角度を決めていく。

After

管理のコツ Q&A

Q どこに置けばいい？

A 日当たりと風通しのよい場所に置きます。夏は西日を避けるため、**半日陰**に移動させますが、どの実も色づくように鉢を回して実に均等に陽光を当てます。

Q 水はどれくらい？

A 水を好むのでたっぷり与えます。開花から結実までは**水切れ**に注意するとともに、花に水をかけて花粉を落とさないように気をつけます。

Q 肥料はどれくらい？

A 開花後、実が大きくなってきたら、月1回置き肥をします。8月は控えて9月から再開すると、実の色付きと実持ちがよくなります。

Q 植え替えは何年おき？

A 1〜2年に1回、植え替えします。バラ科は根頭がんしゅ病にかかりやすいので、植え替え時に根を殺菌剤に漬けて消毒しましょう。

Q どんな病害虫がつく？

A アブラムシ、カイガラムシ、黒星病など。殺菌殺虫剤を定期的に散布します。

春花園

2002年、東京・江戸川区に開いた春花園BONSAI美術館は日本初の盆栽美術館です。数寄屋造りの日本家屋と庭園で構成された約800坪の園内に、1000鉢を超える盆栽が並べ、世界中から年間1万人が訪れています。

この春花園には、二つの顔があります。一鉢数千万円という高額な盆栽を扱うハイエンド系の盆栽園としての顔と、初めて盆栽に触れる方のためのBONSAI美術館としての顔です。

盆栽に興味を持った初心者の方のために、英語や中国語にも対応した体験教室を開いています。

どなたでも小林國雄の作品を鑑賞できますので、盆栽を通して、日本文化の真髄を感じていただきたいと願っています。

盆栽が並ぶ園内の様子

それぞれの盆栽が秘める個性を見出す楽しみはなにものにも代え難い。

万国旗並ぶ春花園正門

各国の要人を饗してきた旗は150本を超える。

大徳寺垣と盆栽

一本一本の穂を編み込んで作る、職人の根気を感じる。

夢のかけ橋

滑らずに渡りきれば夢が叶う橋。「谷やん池」を泳ぐ巨鯉の存在感は圧巻。

春花園館内での瞑想

盆栽の鑑賞は自身を深い瞑想へと誘ってくれる。

橘擬

タチバナモドキ

ピラカンサと呼ばれる樹種のひとつです。秋から冬に、小さな果実をびっしり実らせます。

改作の手引　バランスを整え、鉢を合わせる

After

Before

剪定で解決

樹の高さを抑えて、全体のバランスを取る。➡P191

植え替えで解決

足下にも気を配って、欠点を補いきれいな仕上がりに。➡P191

オレンジ色の実をつける。

和名よりも、ピラカンサの名で知られる樹です。名に馴染みはなくとも、晩秋に鮮やかな色の果実をたわわに実らせる姿を知らない人はいないでしょう。日本には明治時代に観賞用として持ち込まれました。果実がタチバナに似ることから、橘擬と名づけられたと言われています。

改作する樹は、幹に対して首が細長いので、高さを抑えてバランスを取り、全体を整えます。植え替えには、美しい果実の色が映える鉢を選びました。

栽培・作業・管理カレンダー

作業	1月	2月	3月	4月	5月	6月	7月	8月	9月	10月	11月	12月
植え替え			■						■			
剪定		■	■						■	■		
針金かけ		■	■				■					
肥料				■					■	■		

和名	タチバナモドキ
別名	ピラカンサ
英名	narrowleaf firethorn
学名	*Pyracantha angustifolia*
分類	バラ科トキワサンザシ科
樹形	斜幹、模様木、懸崖など

STEP 1 剪定

幹に比べて首が細長いので、思い切って高さを抑えることで幹を太く見せます。地上部と根は、バランスを考えて調整します。

ポイント

葉の一部を切り落とす**葉切り**で、蒸散作用を調整する。

1 もっとも背の高い枝を3分の2ほど切り詰める。混み合った枝葉もすっきりさせる。

After

STEP 2 植え替え

立ち上がりをよく見て正面を確認し、長く伸びた根は切り詰めて調整します。果実の色が映える鉢を選んで植え替えます。

1 鉢から出して古土をほぐし、長く伸びた根を切り詰める。

2 やや右寄りに配置し、鉢の底に用意した根留めで固定して土を入れていく。

3 この樹は根が二股だったので、多めに土を盛ってカバーする。仕上げにミズゴケを張って整える。

管理のコツ Q&A

Q どこに置けばいい？

A 日当たりと風通しのよい場所に置きます。場所を選ばず育ちますが、日陰では実つきが悪くなります。

Q 水はどれくらい？

A 乾燥にも耐えますが、開花から結実までは**水切れ**に注意します。また、花に水をかけると花粉が落ちてしまい実がつかなくなるので注意しましょう。

Q 肥料はどれくらい？

A 春の開花前に月1回の割合で与え、開花から結実までの間は控えます。リン酸の多い置き肥を与えると実つきがよくなります。

Q 植え替えは何年おき？

A 根の生育が旺盛なので、毎年、植え替えをして根を整理しましょう。短く切り詰めても、水やりをしっかり行えば回復します。

Q どんな病害虫がつく？

A 新芽にアブラムシがつきます。発生を防ぐために定期的に薬剤を散布するとよいでしょう。

梅桃

ユスラウメ

春に、ウメに似た可憐な花を咲かせます。赤く熟した果実は甘酸っぱく、食用になります。

梅桃 古渡絵烏泥外縁隅切額入山水図雲足長方　50cm

甘酸っぱい赤い実をつける。

栽培・作業・管理カレンダー

	1月	2月	3月	4月	5月	6月	7月	8月	9月	10月	11月	12月
植え替え		植え替え	植え替え									
剪定	剪定	剪定	剪定								剪定	剪定
針金かけ	針金かけ	針金かけ										針金かけ
肥料		肥料	肥料					肥料				

和名	ユスラウメ
別名	山桜桃
英名	Nanking cherry、Downy cherry
学名	*Prunus tomentosa*
分類	バラ科サクラ属
樹形	文人木、斜幹、模様木など

改作の手引　細面の樹形を活かして軽妙洒脱な文人木に

After

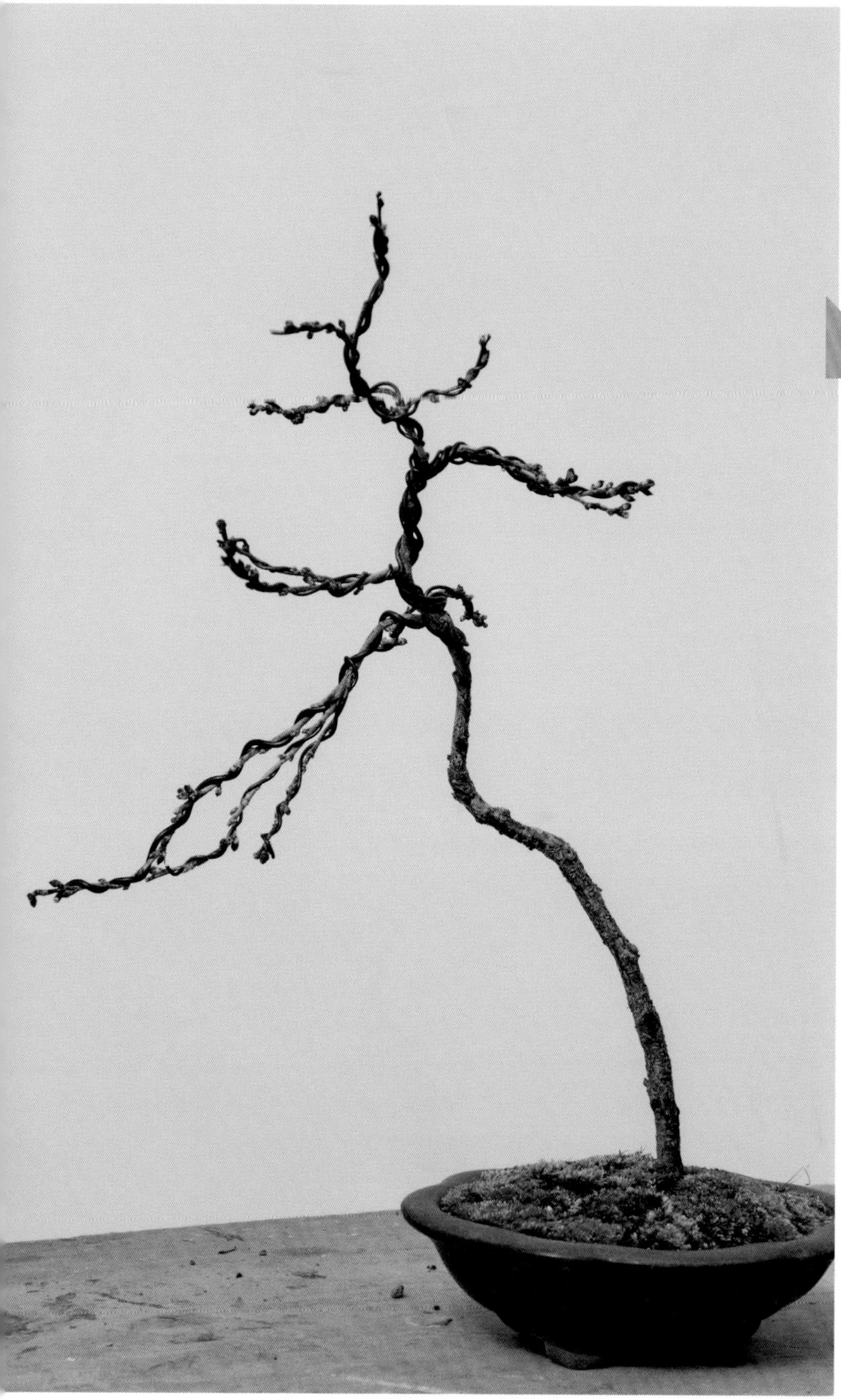

Before

剪定で解決

下枝を外して文人木の形に仕立てる。➡P194

針金かけで解決

自然界の姿をイメージしてゆるやかなカーブを作る。➡P194

植え替えで解決

文人木が似合う鉢を選び、根を整理して植える。➡P195

春に、梅と似た白や桃色の五弁花《ごべんか》を咲かせます。梅雨の頃には、サクランボに似た丸い果実が赤く熟し、甘酸っぱい味はジャムなどで食されます。古くは「桜桃」とも書きました。「ゆすら」の語源は、枝をゆすって果実を落とすからなど諸説あります。庭木や果樹に植えられますが、盆栽としても楽しみます。

この樹は、瀟洒《しょうしゃ》な樹形を活かして粋な文人木に仕立てることにします。きれいに整った姿もよいですが、味のある形にしたいものです。

STEP 1 剪定

枝が不揃いに伸び、ぼんやりとしているうえ、頭が重いので、枝を整理して、全体のバランスを見ながら下枝を切ります。

1 鉢から出して足下も確認し、左にゆるやかなカーブを描く位置を正面に決めた。

2 文人木らしく、下枝を外していく。樹の高さと幹筋のバランスを考えて残す枝を決める。

STEP 2 針金かけ

自然界の樹は、上方の枝は細かく、風を受けて強く曲がり、下方は流れが緩やかです。針金をかけて、この姿を再現します。

1 針金をかけながら枝数や枝の長さを調節して動きをつける。

匠の技! Takumi no waza

ポイントとなる利き枝を決めれば全体の動きが定まる。

2 幹上部で目立つ3本の上向きの枝を利き枝に決め、針金をかけて下向きにする。

STEP 3 植え替え

この樹は、浅い鉢を選んで植え替え、洒落た趣に仕立てることにします。根が長く伸びていたので、植え替え前に手当てします。

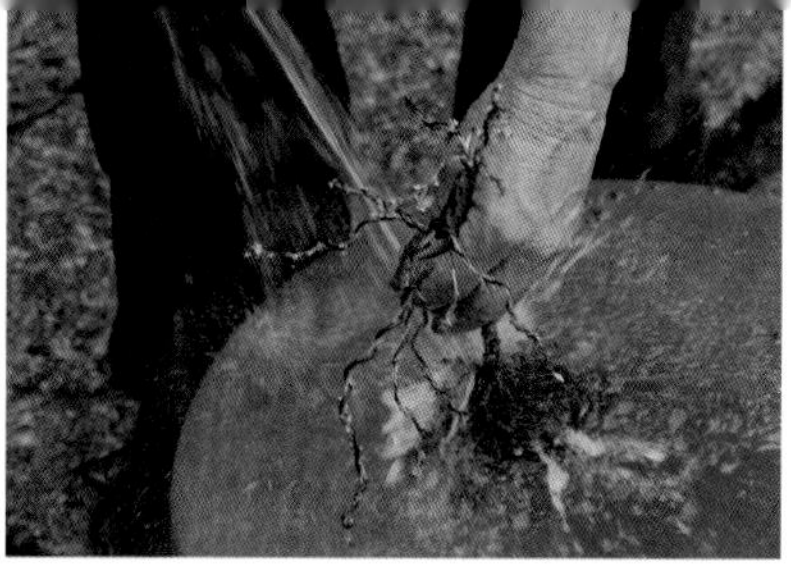

1 よくほぐして古土を落とし、根を短く切り詰める。その後でよく水洗いしておく。

2 太くて強い根、**走り根**などがあれば、生長させないように短く切り落としておく。

3 **左流れ**の樹なのでやや右寄りに植えつけ、鉢底から出した針金でしっかり根留めをする。

4 根留めの針金が隠れるまでしっかり土を盛り、竹の割りばしなどで軽く突いて土と根の隙間を埋める。

5 表面に、自然の風情が出るように工夫してコケを張りつけ、指で押さえて落ち着かせる。

管理のコツQ&A

Q どこに置けばいい？

A 日当たりと風通しのよい場所に置きます。日当たりが悪いと実つきも悪くなります。ただし、夏の西日や直射日光は避けましょう。

Q 水はどれくらい？

A 鉢土の表面が乾いたら、鉢底穴から流れ出すくらいたっぷりと与えます。多湿を嫌うので、水はけのよい用土で適度に湿度を保ちながら育てます。

Q 肥料はどれくらい？

A 2～3月と夏の終わりに有機性の固形肥料を与えます。

Q 植え替えは何年おき？

A 2～3年に1回の割合で植え替えします。2～3月に行うとよいでしょう。

Q どんな病害虫がつく？

A カイガラムシが発生することがあります。見つけたら、木を傷つけないようにブラシなどでこすり落としましょう。実が緑色にふくらむ、ふくろみ病にかかったら取り除き、焼却処理します。

美男葛

ビナンカズラ

秋、果実が球状に固まってつき、真っ赤に熟します。長楕円形の葉はつやがあり、夏には黄白色の花も楽しめます。

美男葛　陶翠長方　50cm

栽培・作業・管理カレンダー

1月	2月	3月	4月	5月	6月	7月	8月	9月	10月	11月	12月
		植え替え									
		剪定		芽摘み	芽摘み						
			肥料	肥料	肥料	肥料	肥料		肥料		

和名	サネカズラ
別名	サナカズラ
英名	kasura vine
学名	*Kadsura japonica*
分類	マツブサ科サネカズラ属
樹形	斜幹、模様木、懸崖、石付きなど

改作の手引　結実した姿を意識して、全体を整える

After

Before

剪定で解決

不揃いに伸びた枝葉を整理して、幹筋をきれいに見せる。➡P198

植え替えで解決

果実をつけた姿を意識して鉢を選び、植え替える。➡P199

針金かけで解決

幹筋を探し、針金をかけて樹の流れをすっきりと整える。➡P198

『万葉集』にも登場する、古くから知られたつる性の植物です。なんといっても秋に実る果実が魅力。枝からぶら下がる球状の集合果は、緑色から徐々に色づき、真っ赤に熟します。髪飾りをつけたような愛らしい姿に似合わず美男葛の名がついているのは、樹皮から採る液を武士の鬢《びん》付《つ》け油《あぶら》（整髪料）に利用したことによります。

この樹は、幹筋をすっきり見せながら、やはり最大の魅力である秋の実りをイメージして、樹形を作り込んでいきます。

STEP 1 剪定

手入れがされておらず、幹筋もわかりにくいので、全体の姿をよく見て正面を確かめ、不要な枝葉を落として樹形を整えます。

1 根元の土を落として**根張り**を確認し、そこから幹筋をどう見せるかをイメージする。

2 枯れ枝を切り、流れを妨げる枝も外す。縦の線も意識して、切る枝を決める。

STEP 2 針金かけ

この樹は**立ち上がり**から左に流れているので、上部も左に流すように針金をかけます。つる性なので強めにかけても大丈夫です。

1 **一の枝**から順に、枝の太さに合った針金を巻いていく。このときも、縦の動きを効かせる。

2 針金を巻きながら、不要な枝があれば適宜、切り落とす。

STEP 3

植え替え

鉢から取り出し、古土をよくほぐして伸びすぎた根を整理したら、果実の色を意識した鉢を選んで植え替えを行います。

1 古土をほぐして根を短く切り詰め、浮いた根なども外しておくと、きれいな根張りになる。

根を広げさせる工夫

直根が伸びるのを防いで、きれいに根を広げさせるために、株の真下に瓦を置く方法がある。

瓦が邪魔をして、根はまっすぐ下に伸びずに広がりを見せる。

2 心もち左側に空間を作るように配置し、針金で根を固定したら土を盛り、竹の割りばしなどで隙間を埋める。

After

管理のコツQ&A

Q どこに置けばいい？

A 日当たりと風通しのよい場所を好みます。半日陰でもよいですが、実つきをよくするためには、しっかりと日に当てることが大切です。

Q 水はどれくらい？

A 水を好むので鉢土の表面が乾いたら、鉢底穴から流れ出すくらい与えます。花や実を落とす原因となるので開花から結実までは水切れを起こさないようにします。

Q 肥料はどれくらい？

A 肥料を好むので活動期に与え続けると花期が伸びるなどの利点があります。伸びすぎた枝は芽を残して切り詰めます。

Q 植え替えは何年おき？

A 根の生育が旺盛で根詰まりを起こしやすいので、1〜2年に1回植え替えします。3月ごろに行うとよいでしょう。

Q どんな病害虫がつく？

A ハダニ、うどんこ病、すす病、黒星病などが考えられます。

金豆

キンズ

小さなミカンの樹のような、可愛らしい佇まいです。橙色の小ぶりな果実は、正月飾りなどにも人気があります。

金豆　朱泥楕円　33cm

栽培・作業・管理カレンダー

1月	2月	3月	4月	5月	6月	7月	8月	9月	10月	11月	12月
			植え替え		針金かけ						
					剪定						
				肥料				肥料			

和名	マメキンカン
別名	ヒメキンカン、ヤマキンカン
英名	Golden bean kumquat
学名	*Fortunella hindsii*
分類	ミカン科ミカン属
樹形	双幹、斜幹、模様木、寄せ植えなど

改作の手引　将来を見据えて大胆に切り込む

After

Before

剪定で解決

背を低く抑えることで、幹に力強さを与える。➡P202

小粒の金柑の仲間で、江戸時代にアジアから渡来しました。夏に咲く白い小花の後につく1㎝ほどの果実は、始め青く、秋から冬にかけて鮮やかな黄色に熟します。

金豆の名は熟した果実を金の豆に例えたものです。鉢植えや盆栽などで人気があり、正月飾りなどにも喜ばれます。矮性で枝葉が密集しますが、柑橘類の中では形を作りやすく、**傷巻き**もよい種です。

この樹は、立ち上がりの個性を活かし、将来を見越して大胆に枝葉を切り込んでいくことにします。

剪定

立ち上がりがよいので、頭を小さくして幹を太く力強く見せます。幹筋をすっきり出すように大胆に切り込みます。

1 もっとも高さのある枝を落とし、それに合わせて全体の枝葉をバランスよく切っていく。

2 樹冠を一旦後方に逃がしてから前に持っていくように意識すると、表情が出る。

ポイント

切り口は被覆塗布剤（→P112）で手当てしておくと自然にかさぶたのようにめくれて修復される。

管理のコツQ&A

Q どこに置けばいい？

A 日当たりと風通しのよい場所を好みます。暖地性の植物ですが霜や寒風を避ければ軒下でも冬越しできます。

Q 水はどれくらい？

A 多めを好むので、夏、冬ともに水切れに注意します。春秋は1日に1～2回、夏は1日に2～3回、冬は2～3日に1回の割合で与えます。

Q 肥料はどれくらい？

A 肥料も多めを好みます。肥料が足りないと枝や葉が枯れてくるので、芽や葉の勢いなどをみて量を調節しましょう。

Q 植え替えは何年おき？

A 根詰まり気味の方が元気がよいので、植え替えは2～4年に1回の割合で行います。根の整理は一様にせず、分岐箇所で切り詰めるようにします。

Q どんな病害虫がつく？

A ミカンの仲間なのでアゲハの幼虫がつくことがあります。見つけたら取り除きましょう。

盆栽文化の海外発信

盆栽を通じて、日本の文化や日本の美を幅広く世界に発信することを目指して、常に海外にも目を向けた活動を続けています。

これまでに講演やデモンストレーションで訪問した国は30か国100回以上です。今では海外からも弟子入り志願者が来るようになり、これまでに育てた海外の盆栽職人は、100人を超えます。

その中には、春花園にやって来て初めて盆栽に魅了され、数年の修業を経て、帰国後に盆栽作家として活躍している者もいます。彼らの活動がさらに世界各地に盆栽ファンを広げ、未来の盆栽家を生み出すことに繋がっています。

日本と世界を繋ぐ架け橋として、これからも盆栽の普及に務めていきたいと考えています。

イタリア、ミラノのクレスピ盆栽学校でのデモンストレーション。

盆栽を学ぶ楽しみに国境はない。

盆栽体験コースは盆栽デビューにうってつけの場。

紅紫檀

ベニシタン

小さく繊細な葉を密につけます。花は目立たず、赤く熟す果実が印象的です。

改作の手引　逆流れの樹形をうまく活かす

中国原産の樹高が1mほどの低木。学名に「水平な」という意味をもつ通り、枝はよく分岐して横に広がります。つやのある小さな丸い葉が密につき、初夏の頃、葉腋に淡紅色の花を咲かせます。花も小ぶりで、花弁が開き切らないためにあまり目立ちませんが、秋から冬にかけて鈴なりにつく小さな赤い果実はよく目を引きます。

庭木などによく植えられ、樹高が低く葉も花も果実も小さな姿は、盆栽にも人気があります。丈夫で育てやすい性質で、よく果実を実らせます。

改作する樹は、枝と幹の流れが逆という特徴があります。バランスを見ながら枝を落とし、小さく繊細な葉を活かした**豆盆栽**に仕立てることにします。

Before

剪定で解決
不要な枝を落として、**幹筋**を見せる。➡P205

植え替えで解決
根を切り詰めて新しい鉢に植え替える。➡P206

針金かけで解決
バランスを見ながら、枝ぶりを整えて樹形を作る。➡P205

鮮やかな赤い実をつける。

栽培・作業・管理カレンダー

1月	2月	3月	4月	5月	6月	7月	8月	9月	10月	11月	12月
					針金かけ			植え替え			
	剪定	剪定		剪定	剪定	剪定			剪定		摘果
			肥料	肥料	肥料			肥料	肥料		

和名	ベニシタン
別名	コトネアスター
英名	Cotoneaster
学名	*Cotoneaster horizontalis*
分類	バラ科シャリントウ属
樹形	斜幹、模様木、懸崖など

STEP 1 剪定

細かく分かれる枝を整理していきます。枝は右に、幹は左に流れるという特徴があるので、どう活かすか考えて作業します。

1 剪定の前に**根張り**を確認したら、**枝順**を見て、この樹の流れをつかみ**正面**を決める。

2 雑然として見える細かい枝と**樹冠**を縮め、樹全体を豆盆栽らしくコンパクトに作っていく。

STEP 2 針金かけ

剪定で整えた枝に、針金をかけて樹の流れを作ります。全体のバランスを確かめながら、針金を巻いて形作っていきます。

1 枝の流れをイメージして、**差し枝**から順に枝の太さに合った針金を巻いていく。

2 針金かけの最中や作業の後でも、必要と判断した場合は、はさみを入れて形を整える。

頭を大胆に切り、樹全体の流れを整えて逆流れの線を活かした。

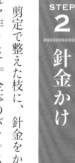

STEP 3 植え替え

地上部分の作業が済んだら、植え替えを行います。鉢の中に詰まっていた根を切り詰め、よく水洗いをして鉢に配置します。

1 根詰まりで取り出しにくいときは、刃物などで鉢の周囲に沿って切り込みを入れるとよい。

2 土を盛り終えたら、竹串などで突いて根と土の隙間を埋め、全体を整えて安定させる。

3 **引き根**も見せるように土を盛りつけ、表面にコケを張り、指で軽く押さえて完成。

After

管理のコツQ&A

Q どこに置けばいい？

A 日当たりと風通しのよい場所に置きましょう。夏は直射日光や西日を避けて、冬は鉢土が凍らないように軒下に移動します。

Q 水はどれくらい？

A 水分過多だと根腐れを起こすおそれがあります。鉢土の表面が乾いたら鉢底穴から流れ出すくらいたっぷりと与えます。

Q 肥料はどれくらい？

A 春から初夏と、秋に有機性の固形肥料を置き肥すれば、毎年、実をつけます。

Q 植え替えは何年おき？

A 根の生育が旺盛で根詰まりを起こしやすいので、1〜2年に1回の割合で植え替えします。

Q どんな病害虫がつく？

A アブラムシ、ハダニ、カイガラムシなどに注意します。アブラムシやハダニ対策には、芽吹き前の時期の殺菌殺虫剤が有効です。カイガラムシを見つけたら、ブラシでこすり落としましょう。

草物盆栽

Kusamono-bonsai

草物盆栽の基本作業

草物盆栽は、山野草と呼ばれる植物を対象とした盆栽です。長い歳月を必要とする樹木の盆栽とは違い、短期間で趣のある鉢を作ることができ、場所も取らないことから人気があります。

菊や撫子など、節《ふし》のある草物盆栽は、剪定すると残した茎の先端から芽が出ます。花の咲くものは、花後に短く切り詰めて、なるべく小さくして育てます。

草物盆栽では、全体の葉の大きさを揃えるために葉刈りをします。葉を切ることによって次に出る葉は小さくなり、全体に締まった姿を維持できます。冬の休眠期には枯れてくるので、短く切り込んで保護します。また、鶏頭などの一年草は、花後に枯れてしまうため、毎年、種まきから始める必要があります。

剪定

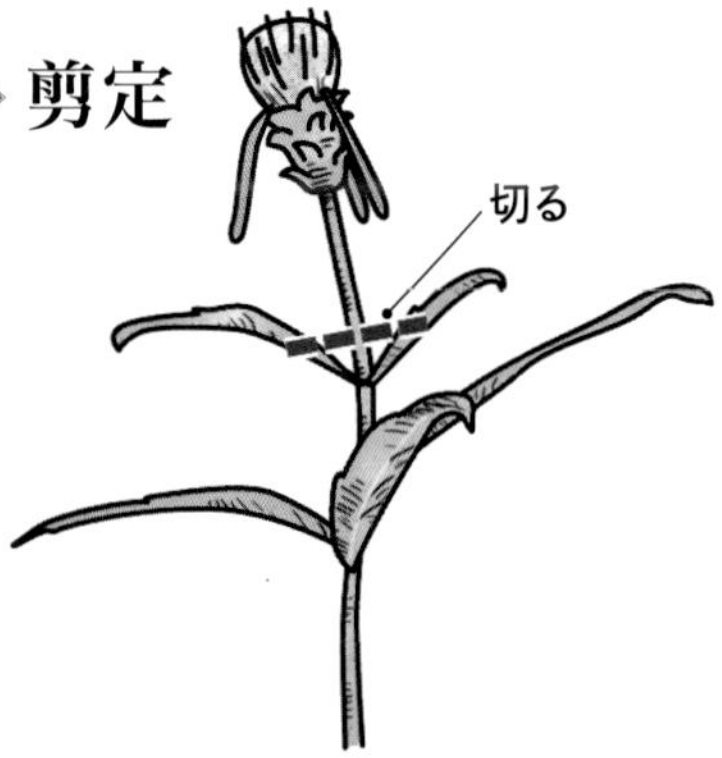

菊や笹など節のあるものは、花後に短く切り詰めて小さくする。シダ類や岩檜葉は、葉の分岐部分で切ると、そこから新しい葉が広がり全体が締まった姿になる。

葉刈り

1つの株から出る葉のサイズを揃えるために、バランスを崩す大きい葉は葉柄の部分で切り取る。次に出る葉は小さくなり、全体的に締まった姿を維持できる。

冬の管理

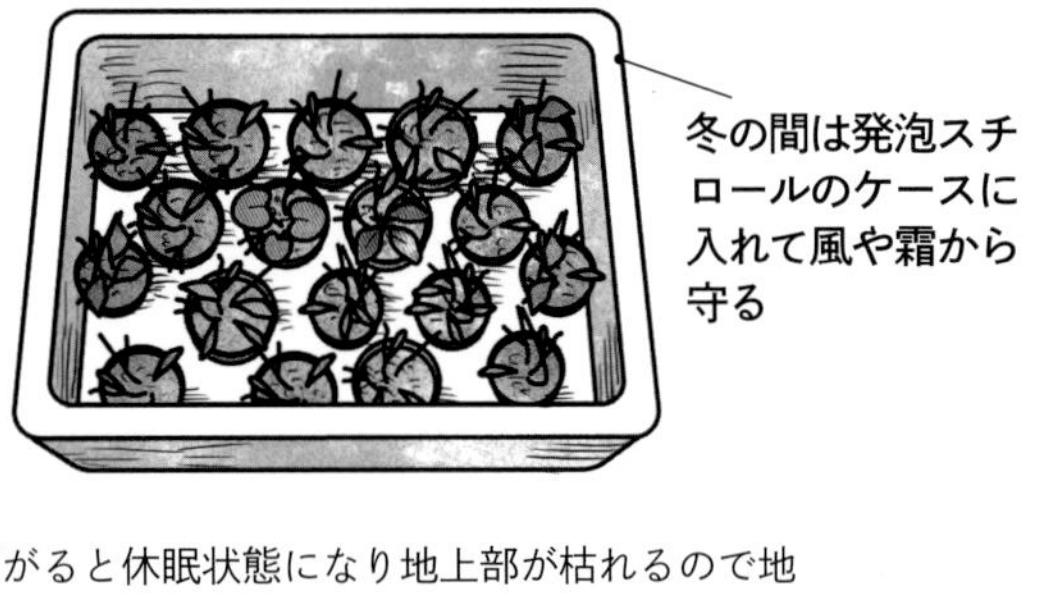

気温が下がると休眠状態になり地上部が枯れるので地際で短く切る。冬の間は発泡スチロールのケースなどに入れ蓋をし、2～3日に1回の割合で換気と水やりをすると、翌春にまた芽を出す。

夏の管理

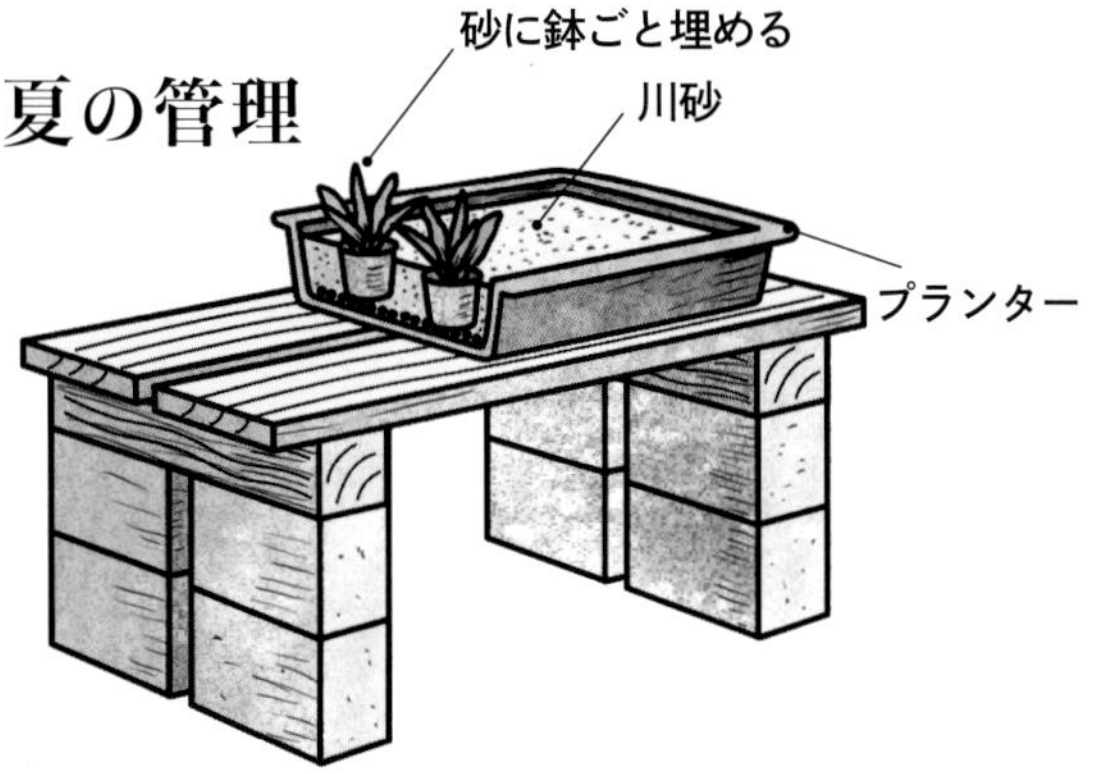

草物の鉢は小さいものが多く、樹木ほど暑さに耐えられないので、プランターなどに川砂を入れ、鉢ごと砂に埋めて管理する。朝夕に霧吹きで水を与えれば元気に育つ。

菫

スミレ

菫は日本各地の草地や田畑、道路脇などに自生する多年草で、類似種や近縁種が多く、仲間の植物を総称して菫と呼ぶこともあります。耐寒性があり初心者でも育てやすいため盆栽向きです。

盆栽としても多様な種が流通していますが、花や葉が小さく可憐なものが好まれます。品種により花期は異なるものの、春から秋にかけて長い期間花を楽しめます。

葵菫　13cm

管理のコツ Q&A

Q どこに置けばいい？
A 日当たり、水はけのよい場所。夏は葉焼けを防ぐため半日陰に移動します。

Q 水はどれくらい？
A 鉢土の表面が乾いたらたっぷり与えます。乾きすぎに注意。

Q 肥料はどれくらい？
A 元肥として緩効性の固形肥料を、2〜10月にかけて月に2〜3回、液肥を薄めて与えます。

Q 植え替えは？
A 1年に1回。晩夏から晩秋にかけてか、2〜3月に行います。

Q 病害虫対策は？
A うどんこ病、アブラムシに注意。予防的に殺虫剤を散布します。

和名	スミレ
別名	マンジュリカ、ホンスミレ
英名	Manchurian violet
学名	*Viola mandshurica*
分類	スミレ科スミレ属
樹形	単植、寄せ植えなど

蔓蕎麦

ツルソバ

盆栽で蔓蕎麦と呼ぶのは、ヒマラヤ原産の多年草「ヒメツルソバ」です。這うように伸びる茎の先にピンク色の金平糖のような花を咲かせます。

花期は5〜11月と長く、冬の間も少しずつ咲き続けます。茎を切り戻しながら茎の曲がり方や紅葉などを楽しみます。

蔓蕎麦　15cm

管理のコツ Q&A

Q どこに置けばいい？
A 半日陰に置くとよいでしょう。寒さに弱いため冬は発泡ケースに入れます。

Q 水はどれくらい？
A 過湿を嫌うのと、水が多いと茎の節が間伸びするので乾燥気味に育てます。

Q 肥料はどれくらい？
A 肥料も多いと間伸びします。控えめな置き肥、水代わりの液肥で十分です。

Q 植え替えは？
A 1〜2年に1回の割合で、秋か春頃に行いましょう。

Q 病害虫対策は？
A 新芽にアブラムシがつくので予防的に殺虫剤を散布します。

和名	ヒメツルソバ
別名	カンイタドリ
英名	Chinese knotweed
学名	*Persicaria chinensis*
分類	タデ科イヌタデ属
樹形	単植、寄せ植えなど

雪の下

ユキノシタ

湿り気を帯びた**半日陰**の岩場などに自生する常緑の多年草です。ランナーと呼ばれる匍匐性の茎を伸ばし、その茎の先に子株をつけて増える性質があります。

盆栽として楽しむには大きな葉を切り取って、葉のサイズを均等に小さくしていきます。**豆盆栽**の下草に利用してもよいでしょう。

雪の下　35cm

管理のコツ Q&A

Q どこに置けばいい？
A 日陰か半日陰に置いて、直射日光を避けましょう。

Q 水はどれくらい？
A 夏は水不足にならないよう多めに。冬は過湿にすると根が傷むので乾燥気味にします。

Q 肥料はどれくらい？
A 春と秋に固形肥料を控えめに与えます。水代わりに薄めた液肥を与えても大丈夫です。

Q 植え替えは？
A 花後に親株が枯れますが、早めに花と古葉を取り除くと維持できます。また、つるの先にできる子株を別の鉢に移すと根付きます。

Q 病害虫対策は？
A ほぼ心配ありません。

和名	ユキノシタ
別名	イワブキ、キジンソウ、イトバス
英名	Beefsteak geranium
学名	*Saxifraga stolonifera*
分類	ユキノシタ科 ユキノシタ属
樹形	単植、寄せ植え、根洗いなど

大文字草

ダイモンジソウ

秋に大の字に似た形の花をたくさんつけることで知られている落葉性多年草です。花色の変異、八重咲や大輪花のような咲き方の変異、葉の形の変異が、非常に多いのが特徴です。

盆栽では鉢や草姿の大きさに応じて葉の数を調節して野趣の味わいを楽しみます。

大文字草　25cm

管理のコツ Q&A

Q どこに置けばいい？
A 常に**半日陰**で育てるとよく花芽を出します。冬には地上部がなくなりますが、秋に室内に移動すると長く葉を楽しめます。

Q 水はどれくらい？
A 鉢土が乾かないように、常にある程度の湿気を保ちます。

Q 肥料はどれくらい？
A 春と花後に置き肥を少量与えます。肥料なしでも大丈夫です。

Q 植え替えは？
A 2年に1回の割合で、早春、あるいは花後に株分けします。

Q 病害虫対策は？
A ヨトウムシ対策に浸透性の薬剤を葉に吹き付けます。

和名	ダイモンジソウ
別名	トウホクダイモンジソウ
英名	
学名	*Saxifraga fortunei*
分類	ユキノシタ科 ユキノシタ属
樹形	単植、寄せ植え、石付き、根洗いなど

朝霧草

アサギリソウ

岩場に見られるヨモギの仲間で、全体に白い毛で覆われ、光に反射する銀緑色の葉が美しい多年草です。長い茎先に古葉を固める独特の冬姿は単植のほか、寄せ植えにしても楽しめます。

春は枯れた茎の根元から新しい茎を伸ばし、夏には小さな花を咲かせるという変貌も見ものです。

朝霧草　13cm

管理のコツQ&A

Q どこに置けばいい？
A 日当たりと風通しのよい場所がベスト。

Q 水はどれくらい？
A 鉢土の表面が乾いたらたっぷりと与えましょう。

Q 肥料はどれくらい？
A 春と秋に置き肥します。頭頂部の葉に勢いがない時は水替わりに液肥を与えます。

Q 植え替えは？
A 2年に1回の割合で春に株分けをします。夏から10月までは挿し穂も可能です。

Q 病害虫対策は？
A ベト病対策には、下方の傷んだ葉を除去します。新芽につくアブラムシは殺虫剤で予防します。

和名	アサギリソウ
別名	ハクサンヨモギ
英名	silvermound
学名	*Artemisia Schmidtiana*
分類	キク科ヨモギ（アルテミシア属）
樹形	単植、寄せ植えなど

野紺菊

ノコンギク

日本各地に広く見られる多年草です。茎は直立し、茎先に菊の花を数個つけます。近似種や変異種も多く、古くから鑑賞用に栽培されていた紺菊も人気です。

背丈を抑えたコンパクトな株にしたいのであれば、梅雨前に1～2節の箇所で切り戻します。それでも花はつきます。

野紺菊　41cm

管理のコツQ&A

Q どこに置けばいい？
A 日当たり、風通しのよい場所に置き、夏は直射日光を避けます。

Q 水はどれくらい？
A 表土が乾いたら十分に与えます。湿った場所を好む種類は水を張った大きめの容器に鉢を入れて乾燥を防ぎます。

Q 肥料はどれくらい？
A 4～5月と9月に月1回、固形肥料を少なめに与えましょう。

Q 植え替えは？
A 1～2年に1回を基本に、春に植え替えか株分けします。

Q 病害虫対策は？
A うどんこ病の多くは、発生しても軽症で済みます。ハダニ、アブラムシに注意します。

和名	ノコンギク
別名	野菊
英名	Wild chrysanthemum
学名	*Aster microcephalus var. ovatus*
分類	キク科シオン属
樹形	単植、寄せ植え、根洗いなど

石菖
セキショウ

日本全土の谷川の淵などに群生する小型の常緑多年草で、剣のような細長くつやのある葉が魅力です。
基本種はやや大型ですが、矮性種で斑入り葉の品種や、極細葉の品種など扱いやすいものもあります。皿鉢や浅鉢に植えると見栄えがよく、樹木盆栽の足元に配する使い方もあります。

斑入石菖　17cm

管理のコツQ&A

Q どこに置けばいい？
A 午後から日陰になるような場所に置くと締まった印象になります。

Q 水はどれくらい？
A 鉢土の表面が乾いたら与えます。水を好みますが盆栽では乾き気味にして生長を抑えます。

Q 肥料はどれくらい？
A 葉色が褪せるようなら少量の置き肥をします。多肥にすると株が大きくなり水切れしやすくなります。

Q 植え替えは？
A 2～3年に1回、花後か秋に株分けで増やします。

Q 病害虫対策は？
A 病気や害虫の心配は特になく虫がついていたら取り除きます。

和名	セキショウ
別名	マメツタ、マメゴケ、マメシダ、イワマメ
英名	Japanese sweet flag、glassy-leaved sweet flag
学名	*Acorus gramineus*
分類	ショウブ科 サトイモ科ショウブ属
樹形	単植、寄せ植え、下生えなど

苔桃
コケモモ

北アメリカ、北欧などの高原の湿地、日本では本土の高山や北海道の寒地に自生する常緑低木です。寒冷地の広葉樹では珍しく、冬でも落ちないつやのある葉は鑑賞価値があります。
6～7月には釣鐘型の白い花をつけ、秋になると熟した実は、生食や果実酒を作るのに用いられます。

苔桃　20cm

管理のコツQ&A

Q どこに置けばいい？
A 日当たりを好みますが、暑さと湿気に弱いため、風通しのよい場所がおすすめ。

Q 水はどれくらい？
A 表土が乾いたら水を与えます。基本は1日1回、夏は朝夕2回、たっぷりと与えます。

Q 肥料はどれくらい？
A あまり必要ありませんが、春と秋に月1回、液肥を与えましょう。

Q 植え替えは？
A 3～4年に1回。3月～5月、9月～10月が適期。

Q 病害虫対策は？
A ほとんど心配はありませんが、予防のため定期的に薬剤の散布を行うと駆除できます。

和名	コケモモ
別名	リンゴンベリー、カウベリー
英名	lingonberry、cowberry
学名	*Vaccinium vitis-idaea L*
分類	ツツジ科スノキ属
樹形	単植、寄せ植え、石付き、根洗いなど

姫藪柑子

ヒメヤブコウジ

林の下に自生する常緑低木・藪柑子の小型品種で、夏に小さな白い花が咲き、秋に赤い実をつけます。葉に入る黄や白の斑が特徴の藪柑子は、江戸時代に好事家の間で人気が高く、多くの品種が作られました。赤い実は翌春まで美しいままなので、お正月飾りなどに利用してもよいでしょう。

屋久島藪柑子　21cm

管理のコツ Q&A

Q どこに置けばいい？
A 5～9月は日陰、4月と10月は半日陰、11～3月はひなたに置きます。冬は鉢が凍らないように注意。

Q 水はどれくらい？
A 極端に乾燥しないよう、表土が乾いたら水やりをしましょう。

Q 肥料はどれくらい？
A 4～11月の生育期間中、2か月に1回ほど、固形肥料を与えます。

Q 植え替えは？
A 2～3年に1回。新芽が伸びる前の2～4月、または9～11月が適期です。

Q 病害虫対策は？
A 春から秋までアブラムシやハマキムシに注意しましょう。

和名	ヒメヤブコウジ
別名	ジュウリョウ（十両）
英名	marlberry
学名	*Ardisia japonica*
分類	サクラソウ科ヤブコウジ属
樹形	単植、寄せ植え、石付き、根洗いなど

桜草

サクラソウ

シベリア東部～中国東北部、朝鮮、日本原産で、高原や山地の湿った草原、開けた森林に見られる山野草です。春に芽を出し、中央から1本の花茎を出して、数輪の花を咲かせます。花の表と裏で色が異なるなど、花色や花型が豊富で、現在は300を超える品種があります。

桜草　28cm

管理のコツ Q&A

Q どこに置けばいい？
A 2～5月はひなた、夏から秋に葉が黄色に変化したら涼しい場所へ移動させます。

Q 水はどれくらい？
A 表土が乾いたらたっぷり水を与えます。

Q 肥料はどれくらい？
A 植え替え時に少量の固形肥料を、3～4月は月に1～2回、薄めた液肥を与えます。

Q 植え替えは？
A 1～2年に1回。10～2月に古い根茎を取り除き、株分けします。

Q 病害虫対策は？
A ヨトウムシ、アブラムシに注意。ネコブセンチュウは寄生部位を取り除き、新しい土で植え、鉢は煮沸消毒します。

和名	サクラソウ
別名	ニホンサクラソウ
英名	Primrose
学名	*Primula sieboldii*
分類	サクラソウ科サクラソウ属（プリムラ属）
樹形	単植、寄せ植え、石付き、根洗いなど

岩千鳥

イワチドリ

本州の中部地方以西と四国の、湿った岩場の割れ目などに自生する山野草です。4月末頃から花茎を1本伸ばし、小さな桃紫色の花を数輪咲かせます。

最近は様々な色や形の花が流通するようになり、同じ小型野生ランの羽蝶蘭と並び、高い人気を集めています。

岩千鳥　17cm

管理のコツQ&A

Q どこに置けばいい？
A 日当たり、風通しのよい場所に置き、梅雨明けから半日陰へ移します。9月末には再び日なたへ。晩秋に地上部が姿を消したら、日陰の軒下に移します。

Q 水はどれくらい？
A 鉢土の表面が乾いたら与えます。

Q 肥料はどれくらい？
A 春に置き肥、芽出し～6月、9月～10月に液肥を与えます。

Q 植え替えは？
A 1～2年に1回。3月末の芽出し前に行います。

Q 病害虫対策は？
A 軟腐病《なんぷびょう》、灰色かび病、ウイルス病、ヨトウムシなどに注意します。

和名	イワチドリ
別名	八千代
英名	Ponerorchis keiskei
学名	*Amitostigma keiskei*
分類	ラン科ヒナラン属
樹形	単植、寄せ植え、石付き、根洗い など

鷺草

サギソウ

日本各地の日当たりのよい湿原に自生するラン科の多年草です。8月頃、鷺が飛翔するような形をした花を数輪咲かせます。**水切れ**させない限り栽培も簡単で、最近では斑入り品種などが販売されるようになり、草物盆栽の入門種と言えるでしょう。また大鷺草は近縁種です。

鷺草　35cm

管理のコツQ&A

Q どこに置けばいい？
A ひなた。葉が痛む場合は20～30％の遮光をしましょう。

Q 水はどれくらい？
A 水を張った容器に鉢を入れて乾燥を防ぎましょう。夏は水切れに注意。冬も月に2～3回、土が湿る程度に水やりをしましょう。

Q 肥料はどれくらい？
A ほとんど必要ありません。

Q 植え替えは？
A 球根が1年で2～3倍に増えるため、毎年1～3月の休眠中に行います。

Q 病害虫対策は？
A ウイルス病に注意。アザミウマやアブラムシには殺虫剤を散布。

和名	サギソウ
別名	鷺蘭
英名	Egret flower
学名	*Habenaria radiata*
分類	ラン科ミズトンボ属（ハベナリア属）
樹形	単植、寄せ植え、石付き、根洗い など

常盤姫萩

トキワヒメハギ

ヨーロッパの中西部原産の常緑小低木で、日本では高山の岩場に自生します。花がヒメハギに似ていることが由来ですが、ハギの仲間ではなくポリガラ属です。

観賞用に人気があるのは、花弁の先端が黄、翼弁が紫紅色のグランディフローラという変種で、3〜5月に花を咲かせます。

常盤姫萩　19cm

和名	トキワヒメハギ
別名	ポリガラ・カマエブクス
英名	Bastard box
学名	*Polygala chamaebuxus var.grandiflora*
分類	ヒメハギ科ポリガラ属
樹形	単植、寄せ植え、石付き、根洗いなど

管理のコツQ&A

Q どこに置けばいい？
A 日当たり、風通しのよい場所。暑さに弱いため、夏は直射日光を避けましょう。

Q 水はどれくらい？
A 表土が乾いたら水を与えます。基本的には朝に1回、真夏は夕方に鉢にたっぷりと与え、夜間温度を下げるようにします。

Q 肥料はどれくらい？
A 肥料は3月、5月、10月に、少量の固形肥料を与えます。

Q 植え替えは？
A 毎年、2月上旬〜3月下旬、9月下旬〜10月下旬に行います。

Q 病害虫対策は？
A ほとんど心配はありません。

岩檜葉

イワヒバ

岩場などに自生する常緑多年草です。葉が松に似ていることから岩松《いわまつ》とも呼ばれています。また水分がない時は葉を内側に巻いて縮み、供給されると次第に元に戻るため、復活草とも言われます。長い間楽しめるのも魅力です。

単植のほか、石付きや寄せ植えも最適です。

岩檜葉と榎本千鳥の寄せ植え　35cm

和名	イワヒバ
別名	クッションモス、岩松
英名	Selaginella
学名	*Selaginella tamariscina*
分類	イワヒバ科イワヒバ属
樹形	単植、寄せ植え、石付き、根洗いなど

管理のコツQ&A

Q どこに置けばいい？
A 午前中だけ日が当たるような半日陰の場所。具合により葉色に影響を受けるため重要です。

Q 水はどれくらい？
A 水分を好むので、夏は朝夕2回、葉の上からたっぷりと与えましょう。乾燥には強いので、冬は控えめにします。

Q 肥料はどれくらい？
A 5〜10倍に薄めた液肥を月に1回。与えすぎると弱ることもあるので注意しましょう。

Q 植え替えは？
A 2〜3年に1回、春に株分けします。

Q 病害虫対策は？
A ベト病を見つけたら薬剤を塗布します。ヨトウムシにも注意。

苔

盆栽における苔は、鉢土表面を覆って美しく見せたり、丘陵や草原、島に見立てたりなど、景色づくりに重要な役割を果たします。また、鉢の中の湿度を保つ保水性や、土の保全、用土の流出を防ぐなど、機能面でも活躍します。最近は苔盆栽や苔玉など、苔そのものを楽しむ人も増えています。

さまざまな種類の苔がありますが、盆栽には銀苔や砂苔など、直立性で小さい苔が、水はけもよく培養に適しています。

岩檜葉の苔玉

銀苔《ギンゴケ》

カサゴケ科の小型の苔で、都会地から高山まで、広く分布しています。灰白色をおびた薄い緑色で、茎の高さは1cmほどです。

細かい葉が密集して水分を保持しやすいため乾燥には強いのですが、暑い時期に水分を多めに与えると蒸れるので注意しましょう。

銀苔　13cm

砂苔《スナゴケ》

ギボウシゴケ科の小～中型の苔で、日本全国に見られます。茎は直立性で3～5cmほど。密集した葉が星のように見えるのが特徴です。

日当たりのよい湿った場所を好みますが、炎天下では蒸れやすいので注意しましょう。長く伸びたらはさみで切り戻します。

砂苔　9cm

小壺苔
コツボゴケ

チョウチンゴケ科の苔で、日本全国で見られます。茎は高さ2～3cmほどの直立性のものと、5～6cmほどの横に伸びるものがあります。

日当たりのよい湿った場所を好み、水を多めに与えても蒸れることはあまりありません。乾燥に強いのですが、葉が縮れるので注意が必要です。

小壺苔　13cm

這苔
ハイゴケ

ハイゴケ科の中型で、茎は地面を這うように10cmほど横に伸び、ほぼ規則的に羽状に枝を伸ばします。日本全土に分布し、日当たりがよく、湿った地上などに群生します。

美しく丈夫で生長が早いため、苔玉によく使われます。暑さに弱いので蒸れに注意しましょう。

這苔　12cm

細葉翁苔
ホソバオキナゴケ

シラガゴケ科の小型の苔で、京都の苔寺（西芳寺）の主苔として有名です。杉などの針葉樹の根元に生えることから、山地でよく見られる苔のひとつです。細葉の名前の通り葉が細いのが特徴で、**半日陰**の乾燥気味の環境を好み乾燥すると葉が白くなります。

蒸れには弱いので暑い日の水やりには注意します。

細葉翁苔 11cm

用語

●あ

頭
盆栽の頂部。樹冠部のこと。最上部の芽ひとつを指すのではなく、上部全体を指す。

石付き
自然石にケト土などを利用して植え付けた樹形。

一の枝
根元から数えて最初にある枝。その次の枝を二の枝、三の枝と呼ぶ。樹を左右に分けて「右一の枝」「左一の枝」と呼ぶこともある。

忌み枝
樹形を乱す不要な枝。

浮き根
上に向かって伸びた根。

上根
鉢土の表面に張っている根や表面近くの根。

裏枝
正面から見た木の裏側にある枝。奥行きを出すのに役立つ。

液肥（↓P48～49）
液体肥料のこと。化成肥料の原料を水に溶かした液状の肥料。固形肥料より即効性がある。

枝打ち
一般的には枝を切ること。盆栽では枝の出方、枝ぶりなど樹形を作る枝の配置の様子を指す。

枝順
樹形を作る枝の出方。根元から上に向かって左右交互に枝が出ていて、上に行くほど枝の上下間隔が狭く、枝が細く、短くなっているものがよいとされる。

枝棚
一つの枝から出た小枝や葉のかたまりを、小さなブロックに分けて段にした部分。枝棚を作ることで立体感や奥行きを表現できる。

置き肥（↓P48～49）
鉢土の表面に置く固形肥料。水やりや雨により少しずつ溶け出して肥料成分が土の中に浸透するため、比較的長い期間効き目がある。

●か

飾り棚
盆栽を飾る道具。箱形、半円形、段違いの棚板など、様々な形のものがある。

株立ち（↓P19）
ひとつの株の根元から複数の幹が出る樹形。

寒樹
冬に葉が落ちて枝だけになった状態の樹木の姿。

利き枝
樹木全体で強さや気品などを印象付けるようなアクセントとなっている枝。

傷巻き（↓P112）
枝を切るなどして幹や枝の傷ついた部分の外側を、カルスと呼ばれる癒合組織が増殖して盛り上がり覆うこと。被覆塗布剤や癒合剤はカルスの発達を促す効果がある。

曲《きょく》
幹や枝の曲がり具合。幹や枝を針金で曲げることを、曲付けという。

車枝
自転車の車輪の軸のように、幹の同じ場所から放射状に複数本伸び出している枝。忌み枝のひとつ。

懸崖（↓P20）
幹や枝が下向きに伸びて鉢底より下にある樹形。断崖絶壁に生きる樹木の姿を表現している。

固形肥料（↓P48～49）
鉢土の表面に置く固形タイプの肥料。緩効性の有機肥料と速効性の化学肥料がある。

古木
年を経た樹木。

●さ

差し枝
効き枝のひとつで、長く差し出すように伸びる枝。幹の太さと差し枝の太さ、樹高と差し枝の長さなど、バランスを考えて設ける。一般的に一の枝、二の枝が差し枝にされる。

シャリ（↓P60～61）
枝や幹の一部が枯れて白骨化したもの。一般的には、幹の枯れたものをシャリと呼ぶ。

主幹

株立ちや根連なりなど複数の幹を持つ樹形で中心となる幹を指す。一般的に最も太く、高く、力強いものが主幹となる。

樹冠

盆栽の、最上部の枝葉の部分を指す。

主木

寄せ植えのメインとなる一番高くて太い木。または床飾りの主役の盆栽。

小品盆栽（↓P9）

樹高20㎝以下くらいの、小型の盆栽。

正面

盆栽の表側。盆栽は鑑賞価値が最も高いとされる位置。最初から正面がはっきりとしていることもあれば、成長過程の樹形変化や剪定、植え替えをしていくうちに正面が変わることもある。

ジン（↓P60～61）

枝や幹の一部が枯れて白骨化したもの。一般的には、枝の枯れたものをジンと呼ぶ。

た

大品盆栽（↓P9）

樹高60㎝以上の大型の盆栽。

立ち上がり

盆栽の根元から一の枝までの幹が立ち上がる部分。盆栽では根張りと立ち上がりが重要とされ、根張りから素直に立ち上がる幹が最もよいとされる。

多肥

肥料を多量に与えること。

中品盆栽（↓P9）

樹高60㎝以下の中型の盆栽。

直幹

幹が根元からまっすぐ上に向かって立ち上がった樹形。

天ジン

頂上部分の幹や枝が枯れて白骨化したものを指す。

徒長枝《とちょうし》

勢いよく伸びる新しい枝。組織の充実を伴わないまま成長するので花芽などが出にくいほか、樹形を乱すことが多いので剪定する。

な

根上がり

本来は地下にある根が地上に露出し、木質化して幹のようになった樹形。

根鉢

根と根のまわりについている鉢の形をした土の塊。

根張り

土の表面より外に出て見える根の張り具合のこと。盆栽の土台となる大変重要な部分で、大きな見どころのひとつ。

は

葉刈り

芽摘みの後に茂った葉を葉柄を残して刈り取る作業。細かい枝ぶりを作ったり、葉を小さく揃えたりするために行う。

葉切り

樹木の生長期に葉を部分的に切って小さくすること。日当たりや風通しをよくするために行う。

葉組み

葉（枝）が細かく整った状態。主に松柏盆栽の枝が細かく整い、葉も美しく繁っているものを「葉組みがよい」と表現する。

葉性

葉の色、形、つき方、勢いなどの性質。

走り根

ほかの根に比べて極端に長く伸びた太い根のこと。根も枝と同じように勢いが平均化した状態が望ましいので植え替えの際に切り取る。

葉すかし

葉が混み合った箇所や古い葉を間引く作業。日当たりや風通しをよくするために行う。

鉢合わせ

植物と鉢をうまく組み合わせること。

葉水

霧吹きやジョウロなどで、直接、葉に水をかけること。

葉焼け

夏の強い日差しや西日で葉先や枝が枯れてしまうこと。たいていの場合、水切れが原因。

半日陰
木漏れ日が当たるような明るい日陰。または一日のうち数時間だけ日が当たるような場所。夏の西日を避けるため、午前中だけ日が当たり、午後以降は日陰となるような場所がよい。

引き根
樹木の傾きと反対の方向に強く伸びた根。

ひこばえ
樹木の根元から生える若芽。

左流れ
枝や幹が左方向に伸びているようす。

吹き流し（↓P21）
一方向からの強い風を受けて樹木がなびく姿を模した樹形。

古葉
前年に生えて残っている葉。

古葉取り・古葉抜き
日当たり、風通しをよくするために、前年に生えた葉を取り除く作業。

文人木（↓P21）
幹が細長く伸びた軽妙洒脱な模様木。江戸時代の文人墨客が好んだことが、その名の由来。

箒立ち
箒を逆さにしたような半球状の樹冠を形成する樹形。

ま

豆盆栽（↓P9）
樹高10㎝以下のミニサイズの盆栽。

幹芸《みきげい》
ほかの樹に見られない幹の特徴的な味わいのこと。

幹筋
根から立ち上がる幹が持つ線の流れのこと。

右流れ
枝や幹が右方向に伸びているようす。

幹肌
幹の表面、樹皮のこと。盆栽は古さや時代感を重要視するが、それが最も表れる部位。

幹模様
幹が描く曲線のこと。直幹樹形以外は大なり小なり模様があり、これが樹形の基礎となる。

水切れ
鉢土内部の水分が不足すること。水切れを起こすと葉が萎れたり、葉先が枯れたりする。

水吸い
ジンやシャリのように樹木の枯死した部分に対して、水を吸い上げる生きている部分を指す。

芽かき
芽切りの後に3芽以上出た芽をかき取って2芽に減らす作業。

芽切り
新芽を元から切り取って、その後に出る二番芽の萌芽を促す作業。

芽摘み（↓P39）
新芽を摘み取って長さや勢いを揃える作業。

元肥（↓P48〜49）
樹木を鉢に植えるときに、土に混ぜ込んで与える肥料。

模様木
幹が前後左右に曲線を描く樹形。

や

有機肥料
油かすや魚粉、鶏糞などの植物性、または動物性の有機物を原料とした肥料。

よしず
軒先などに立てかけて使用する大型のすだれの一種。材料に葦を用いる。

わ

若木
その樹種の特徴がまだ出ていない生長過程の若い木。

●参考資料

『盆栽芸術ー天 小林國雄の世界』（小林國雄 / 美術年鑑）
『盆栽芸術ー地 小林國雄の世界』（小林國雄 / 美術年鑑）
『Bonsai 盆栽』（小林國雄 / パイインターナショナル）
『写真でわかる盆栽づくり』（時崎厚 / 西東社）
『盆栽ハンドブック』
（加藤三郎・加藤秀男・小川由太郎 / 日本盆栽協会）
『昭和の盆栽譜ー国風盆栽展五十年の歩み』
（日本盆栽協会）
『景道片山流“四季の飾り”日本の自然美を「遊間技法」で飾る』（片山一雨 / オン・アミリタ）
『いちばん丁寧なはじめての盆栽の育て方』
（広瀬幸男 / 日本文芸社）
『はじめての盆栽づくり』（関野正・松井孝 / 主婦の友社）
『ひと目でわかる盆栽づくりの基本とコツ』
（高柳良夫 / 大泉書店）
『原色日本植物図鑑シリーズ』（保育社）
『植物和名の語源』（深津正 / 八坂書房）
『一流の人に学ぶ人生で自分の才能を花開かせる方法』
（小林國雄 / パル出版）

盆栽情報局
https://bonnsai.net/bonsaiyougo/

盆栽ジャーナル
http://bonsai.webhitode.com/

盆栽日本
http://bonsai.jp.net/

盆栽エンパイア
https://www.bonsaiempire.jp/

植木図鑑　植木ペディア
https://www.uekipedia.jp/

みんなの趣味の園芸
https://www.shuminoengei.jp/

盆栽妙
https://www.bonsaimyo.com/

東京大学日光植物園
https://www.bg.s.u-tokyo.ac.jp/nikko/

農研機構
http://www.naro.affrc.go.jp/archive/flower/kakibyo/plant_search/ha/bara/post_183.html

小石川植物園の樹木
http://warpal.sakura.ne.jp/kbg/frame-r-botany.html

岡山理科大学
http://had0.big.ous.ac.jp/index.html

熊本大学薬学部
http://www.pharm.kumamoto-u.ac.jp/#!anchor1

学芸の森
https://www.u-gakugei.ac.jp/‾planttgu/dokodemo/pc/index.htm

国立研究開発法人　森林研究・整備機構　森林総合研究所　四国支所
http://www.ffpri.affrc.go.jp/skk/

宝樹園
http://houjuen.net/shop/user_data/yougo.php#yougo06

樹種別索引

あ

葵菫（アオイスミレ）……209
赤松（アカマツ）……12、17、19、70〜73
秋珊瑚（アキサンゴ）……168
木通・通草（アケビ）……174
朝霧草（アサギリソウ）……211
あずき梨（アズキナシ）……19
アララギ……74
イタチグサ……160
一位（イチイ）……74〜77
イトナンテン……122
イトバス……210
イヌリンゴ……186
イロハカエデ……102
イロハモミジ……102
岩絡み（イワガラミ）……20
岩四手（イワシデ）……28
岩千鳥（イワチドリ）……214
岩檜葉（イワヒバ）……215
イワブキ……210
岩松（イワマツ）……215
イワマメ……212
梅（ウメ）……54、140〜143
蝦夷松（エゾマツ）……18、20
エゾリンゴ……186
榎本千鳥（エノモトチドリ）……215
黄梅（オウバイ）……164〜166
オオシラビソ……18、22
雄松・男松（オマツ）……62
オンコ……74

か

カイドウ……156
カウベリー……212
楓（カエデ）……13、22
カエデの仲間……22
柿（カキ）……56、178
カキノキ……178
カラマツ……23
カンイタドリ……209
キジンソウ……210
銀苔（ギンゴケ）……216
錦糸南天（キンシナンテン）……122〜124
クサボケ……152、153
金豆（キンズ）……200〜202
梔子（クチナシ）……136〜139
クッションモス……215
黒松（クロマツ）……20、23、26、27、62〜65
欅（ケヤキ）……56、98〜101
苔（コケ）……216〜217
小壺苔（コツボゴケ）……217
苔桃（コケモモ）……212
コトネアスター……204
コボケ……152
五葉松（ゴヨウマツ）……19、66〜69

さ

鷺草（サギソウ）……214
鷺蘭（サギラン）……214
桜（サクラ）……148〜151
桜草（サクラソウ）……213
ササトネリコ……118
皐月（サツキ）……14、28、128〜134
サツキツツジ……128
サナカズラ……196
サネカズラ……196
百日紅（サルスベリ）……55
山茱萸（サンシュユ）……168〜170
枝垂桜（シダレザクラ）……148
シドケ……152
ジャコウカエデ……114〜115
十両（ジュウリョウ）……213
真柏・槇柏（シンパク）……22、23、24、25、26、27、90〜94
杉（スギ）……86〜89
砂苔（スナゴケ）……216
ズミ……156〜157
菫（スミレ）……209
石菖（セキショウ）……212

石化檜（セッカヒノキ）……83〜85
センブク……136

た

大文字草（ダイモンジソウ）……210
ダケカンバ……21
橘擬（タチバナモドキ）……190〜191
チョウジカズラ……106、110
長寿梅（チョウジュバイ）……152〜155
縮緬葛（チリメンカズラ）……106〜109
椿（ツバキ）……144〜146
蔓梅擬（ツルウメモドキ）……182〜185
蔓蕎麦（ツルソバ）……209
ツルモドキ……182
テイカカズラ……106
定家葛（テイカカズラ）……110〜113
トウホクダイモンジソウ……210
常盤姫萩（トキワヒメハギ）……215
杜松（トショウ）……18、27、78〜81
梣（トネリコ）……118〜120

な

匂い楓（ニオイカエデ）……114〜116
ニセアカシア……18
ニホンサクラソウ……213
ネズ……78
ネズミサシ……78
野菊（ノギク）……211
野紺菊（ノコンギク）……211
ノボケ……152

は

這苔（ハイゴケ）……217
ハイネズ……78
ハクサンヨモギ……211
花磯菊（ハナイソギク）……16
ハマクサギ……114
ハルコガネバナ……168
美男葛（ビナンカズラ）……196〜199
檜（ヒノキ）……82
ヒメキンカン……200
姫小松（ヒメコマツ）……66
ヒメツルソバ……209
姫藪柑子（ヒメヤブコウジ）……213
姫林檎（ヒメリンゴ）……186〜188
ピラカンサ……190
ブナ……23
紅紫檀（ベニシタン）……204〜206
細葉翁苔（ホソバオキナゴケ）……217

ま

マサキカズラ……106、110
マメキンカン……200
マメゴケ……212
マメザクラ……148
マメシダ……212
マメツタ……212
真弓（マユミ）……21
マンジュリカ……209
ミカイドウ……156
水松（ミズマツ）……74
三葉木通（ミツバアケビ）……175〜177
三椏（ミツマタ）……21
深山海棠（ミヤマカイドウ）……15、17、156〜158
ミヤマビャクシン……90
雌松・女松（メマツ）……70
椛・紅葉（モミジ）……55、102〜105

や

屋久島藪柑子（ヤクシマヤブコウジ）……213
野梅（ヤバイ）……140
ヤマザクラ……148
ヤマツツジ……21
山椿（ヤマツバキ）……144
ヤマモミジ……102
雪の下（ユキノシタ）……210
山桜桃（ユスラウメ）……192
梅桃（ユスラウメ）……192〜195

ら

リンゴンベリー……212
連翹（レンギョウ）……160〜162
老爺柿（ロウヤガキ）……179〜181

監修者 小林國雄（こばやし くにお）

東京都立農産高等学校園芸科卒業。家業の園芸家を継ぐため学んでいたときに、第七回日本盆栽作風展で内閣総理大臣賞を受賞した五葉松「奥の巨松」との衝撃的な邂逅を果たし、1976年より盆栽作家への道を歩み始める。1989年に日本盆栽作風展において「内閣総理大臣賞」を受賞したのを皮切りに、これまで日本盆栽作風展で「内閣総理大臣賞」を4回受賞、皐樹展で「皐樹展大賞」を7回受賞した。また、盆栽普及のために海外30か国を200回以上訪問し講演会を行うほか、国内外で100名を超える弟子を受け入れている。

春花園BONSAI美術館
東京都江戸川区新堀1-29-16
http://www.kunio-kobayashi.com/

春花園BONSAI
美術館公式
Facebook

SHUNKAEN_BONSAI_CURATORJIN
春花園BONSAI
美術館公式
Instagram

撮影協力	春花園BONSAI美術館
写真協力	春花園BONSAI美術館、株式会社美術年鑑社、株式会社栃の葉書房、株式会社パイ・インターナショナル、亀田龍吉、神 康文、山田登美男、アルスフォト企画、株式会社帆風社、根岸産業有限会社、白鳥写真館、Getty Images、PIXTA
撮影	亀田龍吉
イラスト	植本 勇
デザイン	OKAPPA DESIGN
DTP	株式会社シーティーイー
執筆協力	栗栖美樹
編集協力	株式会社アマナ、株式会社春燈社（関口雅之　山内菜穂子）

小《こ》林《ばやし》國《くに》雄《お》のイチから教《おし》える盆《ぼん》栽《さい》

2020年1月20日発行　第1版
2024年7月10日発行　第1版　第5刷

監修者	小林國雄
発行者	若松和紀
発行所	株式会社 西東社 〒113-0034　東京都文京区湯島2-3-13 https://www.seitosha.co.jp/ 電話　03-5800-3120〔代〕

※本書に記載のない内容のご質問や著者等の連絡先につきましては、お答えできかねます。

ISBN 978-4-7916-2583-3